Martin Suter
Abschalten
*Die Business Class
macht Ferien*

Diogenes

Nachweise am
Schluss des Bandes
Umschlagfoto von
Dave & Les Jacobs (Ausschnitt)
Copyright © Dave & Les Jacobs /
Blend Images / Corbis

Originalausgabe

Alle Rechte vorbehalten
Copyright © 2012
Diogenes Verlag AG Zürich
www.diogenes.ch
200/12/8/5
ISBN 978 3 257 30009 3

Inhalt

Anstelle eines Vorworts
    Glaser lässt abschalten 9

Burn-out
    Männer unter Stress: Perrig 15
    Widmann, Workaholic 18
    Wartners Veto 21
    Werders Burn-out-Syndrom 23
    Der Mensch im Mittelpunkt 26
    Hitzeopfer Schönenberger 29

Ferien-Management
    Ferienplanung 35
    Fehlentscheid auf Führungsebene 37
    Hunold, Manager und Familienvater 40
    Huber spannt aus (I) 43
    Huber spannt aus (II) 46
    Huber spannt aus (III) 49
    Lindner offline 52
    Mosers Ferienopfer 93 54
    Personality Styling 57
    Reassessment 59
    Buchser himself 61

Ein Naturerlebnis 64
Held der Arbeit, Werder 67
Weder lässt sich inspirieren 70
Held der Arbeit, Räber 73
Aus der Arbeit des Krisenstabs 76

Quality Time
Die Work-Life-Balance 81
Der wahre Luxus 84
Familie Gublers Quality Time 87
Pädagoge Schnüriger 90
Rohner lässt sich ein 93
Eigenbild / Fremdbild 96
Perlers Sonntagmorgen 99
Wie sag ich es Anita 102
Etter an der Basis (I) 105
Etter an der Basis (II) 107
Der traurige Sonntag 109
Gedankenaustausch 112
Fern der Heimat 114
Brühwilers Intimsphäre 117
Ein Mann am Ziel 120
Sorgen um die Zukunft 123

Fit- & Wellness
Alemann hält sich fit 129
Kopf frei 132
Ein philosophischer Showdown 134
Neues von der Leistungsgrenze 137
Nyffelers Wiedergeburt 140

Das Symptom   143
Managementtraining (I)   145
Managementtraining (II)   148
Managementtraining (III)   151
Managementtraining (IV)   154
Managementtraining (V)   157
Remmlers meditative Seite   160
Lehmann on the Rocks   163
Kölliker im Herbst   166

Zurück im Büro
   Mattle mit Hut   171
   Die Diskrepanzen   173
   Held der Arbeit, Schwegler   176
   Braucht es Häfliger?   179

Anstelle eines Nachworts
   Zukunftsängste   182

Glaser lässt abschalten

Als Glaser dreißig war, galt es in Kreisen des mittleren Jungmanagements als unmännlich, mehr als fünf Stunden zu schlafen. In der Euphorie eines anständigen Schlafmankos wirkte alles, was man tat, viel effizienter. Stress war ein Stimulans. Man prahlte, wie viel man davon vertrug, und versuchte, sich gegenseitig unter den Tisch zu stressen.

Später, auf der oberen Führungsebene, war Stress zwar nicht mehr Modedroge Nummer eins, aber immer noch gesellschaftsfähig. Wer nicht unter Stress stand, wirkte halt doch irgendwie ersetzlich. Man konnte unter Männern über Stress reden wie über sonst ein Laster, und der andere wusste genau, wovon man sprach.

Aber heute, wo es Glaser in die Führungsspitze geschafft hat, gilt Stress, offen zur Schau getragen oder vertraulich eingestanden, als uncool. Manager, die unter Stress leiden, sind ihrer Aufgabe nicht gewachsen. Glaser wird also zum heimlichen Stresser. Er wacht zwar immer noch um vier Uhr auf und grübelt darüber nach, worüber er bis sieben Uhr nachgrübeln könnte. Aber er stellt sich jetzt schlafend dabei. Es schnürt ihm immer noch den Brustkorb ein, wenn er zur Agenda greift. Aber er greift jetzt verstohlen zu ihr, wie ein Trinker zum Flachmann. Und er reißt sich immer noch die Brille vom Gesicht, um mit beiden Handballen wütend die Augen zu reiben. Aber er tut das jetzt heimlich zwischen Sitzungen.

Doch während der offen zelebrierte Stress inspirierend und der freimütig eingestandene immerhin noch stimulierend waren, fängt der heimliche an, ihm auf die Gesundheit zu schlagen. Glaser leidet neuerdings unter Anfällen von Herzklemmen, Sodbrennen und Nachtschweiß.

Eine Weile schaut er dem zu. Dann beschließt er, sich den Stress abzugewöhnen.

Stress, sagt sich Glaser, ist ja nur die Unfähigkeit abzuschalten. Und Unfähigkeiten jeder Art sind für Glaser, wenn überhaupt, vorübergehende Erscheinungen. Er nimmt sich also vor, in Zukunft beim Verlassen des Büros abzuschalten.

Aber er findet den Schalter nicht.

Glaser sitzt am Sonntag mit seiner verwunderten Familie scheinbar entspannt beim Brunch und hat einen Klumpen aus Terminen und Pendenzen im Magen.

Oder er sitzt prustend in der Sauna und ertappt sich dabei, wie er seinen nackten Oberkörper nach einem Kugelschreiber abklopft.

Schließlich gesteht er sich ein, dass ihn das Abschaltenwollen mehr stresst, als es das Nichtabschaltenkönnen je vermocht hatte. Und Glaser tut, was er immer tut in den seltenen Fällen, in denen er zugibt, dass er etwas nicht selber kann: Er delegiert.

Er lässt sich bei seinem Arzt, einem Geheimtipp unter

Führungskräften, einen Termin während einer Randstunde geben und zieht ihn ins Vertrauen. Der hört sich Glaser eine Weile an, schielt ab und zu auf die Uhr und sagt dann: »IMAP. Eine Spritze pro Woche, und nach vier Wochen bist du entkoppelt. Und wenn der Stress wiederkommt, wiederholst du die Kur.«

Glaser lässt sich also abschalten. Bereits nach der ersten Behandlung fühlt er sich, als hätte man seine Seele eingeölt. Nichts kommt an ihn heran, alles perlt ab wie Seewasser vom Gefieder der Zwergtaucherli.

Nach vier Wochen ist Glaser entkoppelt. Zwar ist er nach wie vor gestresst. Aber jetzt ist es ihm wurst.

Burn-out

Männer unter Stress: Perrig

Ehrlich gesagt: Perrig braucht den Stress. Ohne Stress fehlt ihm das Gefühl zu arbeiten. Oder die Leistung zu erbringen, die er sich abverlangt: Höchstleistung. Wenn Perrig nicht immer, wenn er sich mit einer Sache befasst, in Gedanken schon bei der nächsten ist, fehlt ihm der Druck, der ihn zur richtigen Entscheidung treibt. Je enger die Räume, je rarer die Alternativen, desto zwingender die Entscheidung. Einer, der immer vorneweg entscheiden muss, hält sich nicht mit Prioritäten auf.

Aber dass Perrig den Stress braucht, bedeutet nicht, dass er nicht unter ihm leidet. Im Gegenteil: Perrig leidet ganz schrecklich unter seinem Stress. Und mit ihm die ganze Abteilung. Wenn er als Letzter ins Büro kommt, noch Rasierschaum an den Ohrläppchen und einen Bissen Grahambrot im Mund, lässt er es die ganze Abteilung spüren, dass sie schon hier ist. Leute, die pünktlich bei der Arbeit sind, sind nicht ausgelastet. Es gibt eine höhere Form der Pflichterfüllung als die pünktliche: die aufopfernde. Die, die nicht unterscheidet zwischen Tag und Nacht, Geschäft und Privat, Bürozeiten und Überstunden. Wenn Perrig ins Büro kommt, verlegt er lediglich den Schauplatz seiner totalen beruflichen

Hingabe. Pünktlichkeit ist das Gegenteil von Engagement. Sie degradiert die Tätigkeit zu einer, der man nach einem bestimmten Stundenplan nachgehen kann.

Nicht, dass Perrig von seiner Abteilung nicht absolute Pünktlichkeit verlangen würde. Von Leuten, die durch die Pünktlichkeit, mit der sie ihrer Aufgabe nachgehen, beweisen, dass sie nicht mit Leidenschaft bei der Sache sind, ist Pünktlichkeit das Mindeste, was man verlangen darf. Es ist die demonstrative Art, wie sie alle schon da sind, wenn er eintrifft, abgekämpft schon morgens um neun und ohne Hoffnung, den Rückstand auf den Tag jemals aufzuholen, die er ihnen vorwirft.

Sobald Perrig im Büro ist, macht er sich daran, Dinge, die die höchste Stufe der Überfälligkeit noch nicht erreicht haben, zu verschieben. Eine Arbeit, zu der er etwa drei Tassen starken Kaffee braucht. Danach gönnt er sich eine Kaffeepause, reißt die Fenster auf, leert die Aschenbecher, schließt die Fenster, zündet sich eine an und beginnt, eine Pendenzenliste aufzustellen. Bis Mittag lässt er sich von der Aussichtslosigkeit lähmen, auch nur eine der anstehenden Aufgaben auch nur annähernd befriedigend lösen zu können. Dann geht er zum Lunch, wo er praktisch keinen Bissen runterkriegt und ein wenig überzieht mit Glogger, der auch ein Liedchen singen kann vom Stress.

Am Nachmittag kommt er zu nichts, weil alles auf ihn einstürzt. Alle wollen etwas von ihm, nichts geht ohne ihn. Was kann man anderes erwarten von Leuten, die nur darauf warten, bis es fünf Uhr ist und sie den Griffel fallen lassen können?

Perrig läuft langsam zu seiner Hochform auf. Erledigt gleichzeitig drei Dinge nicht und trifft nebenbei noch ein paar wichtige Entscheidungen, die Vertagung einiger wichtiger Entscheidungen betreffend. Doch genau als er sich die Pendenzenliste vorknöpfen will, wird er von seiner Sekretärin an die Abteilungsleitersitzung erinnert, die vor zehn Minuten begonnen hat. Über eine Stunde verbringt er wie auf Nadeln mit Leuten, die offenbar nichts anderes zu tun haben, als zu quasseln, während es in seiner Abteilung an allen Ecken brennt, meine Herren.

Als er endlich wieder im Büro sitzt, ist schon die halbe Abteilung gegangen. Das hat den Vorteil, dass er in Ruhe seine Pendenzen aufarbeiten kann, aber den Nachteil, dass das dazu nötige Feedback nicht abrufbar ist, weil die zuständigen Apparatschiks natürlich schon längst zu Hause auf dem Balkon in die Holzkohle pusten.

Es bleibt ihm nichts übrig, als das Ganze um eine schlaflose Nacht zu verschieben.

Widmann, Workaholic

Auf Widmanns Ebene sind alle Workaholics: Tauber, Eicher, Schmutz, sogar Baumler auf seine Art. Obwohl dieser lange Trockenperioden hat, in denen sein Parkplatz wochenendelang leer steht. Aber danach packt es ihn umso heftiger. Ein Quartalsworkaholic.

Widmann selbst ist eher ein Gesellschaftsworkaholic. Er tut es einfach, weil es gesellschaftlich erwartet wird. Wenn er ehrlich ist, mag er es nicht, das Arbeiten. Er muss sich richtig überwinden. Er könnte ohne Probleme ganz ohne auskommen. Er könnte monatelang keinen Finger rühren, ohne auch nur die Spur einer Entzugserscheinung. Er könnte die Wochenenden unrasiert im Trainingsanzug durchbrunchen, mit kurzen Erholungsphasen auf dem Liegestuhl, dem Sofa oder dem Bett, je nach Wetter und Tageszeit.

Stattdessen muss er im gemäßigten Freizeitlook mit Exposés in der Hand durch die leeren Gänge tigern und darauf achten, dass er dabei von Tauber, Eicher, Schmutz oder Baumler gesehen wird.

Wenn es nach ihm ginge, würde er Punkt siebzehn Uhr nullnull den Griffel fallen lassen und auf einen Drink oder zwei in die Big-Ben-Bar gehen oder auf die Lago-Terrasse, je nach Jahreszeit und Witterung. Aber der gesellschaftliche Zwang, bis neunzehn Uhr Dinge zu erledigen, die ohne weiteres bis morgen warten könnten, und dann zu Hause anzurufen, dass es – *guess what?* – wieder einmal später werde, ist stärker. So sitzt er Abend für Abend am Schreibtisch, erledigt längst Erledigtes und beteiligt sich am Lichterwettbewerb der oberen Kader: Wessen Licht geht zuletzt aus?

Widmann würde auch sein Ferienguthaben voll ausschöpfen. Er wäre ein Naturtalent im Brückenschlagen zwischen Wochenenden und offiziellen Feiertagen. Er würde aus seinen fünf Wochen mit ein paar Kniffen über sechs machen, in günstigen Kalenderjahren sogar über sieben. Aber nein, er stößt in den Ferien später dazu und reist früher ab. Er verbringt die Siestas vor dem Laptop und ist rund um die Uhr auf dem Handy erreichbar. Er legt sich einen Vorrat an nicht bezogenen Ferienwochen an, als Konversationsthema für Tauber, Eicher, Schmutz oder Baumler.

Am Kaffeeautomaten begegnen sie sich manchmal bei einem kurzen Boxenstopp. Während der bittere Espresso ins Styropor fließt, bleibt Zeit zum Austausch einiger Stoßseufzer über den momentanen Stand der Überlastung.

Wenn nämlich einer auf Widmanns Ebene kein Workaholic ist, gerät er leicht in den Verdacht, nicht überlastet zu sein. Überlastung ist jedoch das untrüglichste Anzeichen für Unersetzlichkeit. Jemand, der nicht überlastet ist, macht einen Job, den auch andere erledigen können.

So bleibt Widmann nichts anderes übrig, als mitzuhalten. Sechzig, siebzig, sogar achtzig Wochenstunden hinzulegen und sooft wie möglich im Kreis von Mitbetroffenen darüber zu reden. »Mein Name ist Widmann, ich bin Workaholiker.«

Wartners Veto

Wartner steht am Strand, träge Wellen umspielen seine Knöchel, er spürt, wie das Meer den weißen Sand unter seinen Fußsohlen wegspült. Vor ihm planschen wunderschöne junge Frauen genau so tief im Wasser, dass er nicht erkennen kann, ob sie auch unten nichts anhaben.

Er selber trägt eine leuchtend orangefarbene Badehose. Etwas knapp geschnitten, aber er kann es sich leisten. Wenn er an sich runterschaut, entdeckt er kein Gramm Fett. Unter dem Brustkorb, dort, wo sonst ein weißer schwammiger Bauch war, befindet sich jetzt ein Sixpack Muskeln.

Die schönen Frauen werfen sich anmutig große bunte Bälle zu. Manchmal springt eine hoch genug, um seine Vermutung zu bestätigen, dass sie unten dasselbe tragen wie oben.

Wartner winkt ihnen. Jetzt fliegen ihm die Bälle zu. Rote, blaue, gelbe, gestreifte, gepunktete, geblümte. Er fängt sie alle und wirft sie zurück. Auch zwei, auch drei auf einmal. Und die, die er nicht fassen kann, spielt er zurück. Mit der Faust, mit dem Absatz, mit der Brust. Auch die unerreichbarsten. Stößt sich ab im weichen Sand und steigt hoch hinauf in den tintenblauen karibischen Himmel.

Die schönen Frauen jauchzen und klatschen. Wartner steigt immer höher, springt Figuren, Volten, Salti, Spiralen, Butterflys, bleibt kurz in der Luft stehen und winkt den Schönen zu, die ihm Kusshände und Blütenkränze zuwerfen.

Er gleitet pfeilgerade in den glatten Meeresspiegel und schwimmt Slalom zwischen den makellosen Körpern, verspielt wie ein junger Delphin.

Und er springt in Zeitlupe durch die blumenbekränzten Reifen, die die Badenixen über ihren reizenden Köpfen hochhalten. Sein Haar glitzert in der Sonne, von seiner geölten braunen Haut perlt das Salzwasser.

Und jetzt jagen sie über den weißen, einsamen Strand. Acht, nein, zehn, nein, fünfzehn lachende, jauchzende, kreischende, herrliche Geschöpfe, dicht gefolgt von Wartner.

Aber seine Beine werden schwerer, der Sand tiefer, die Frauen kleiner, die Stimmen leiser. Und plötzlich wird es still. Wartner steckt fest. Er schaut an sich hinunter, und da ist er wieder: der weiße schwammige Bauch.

»Nein!«, ruft er.

Er schlägt die Augen auf und blickt in die gespannten Gesichter seines obersten Kaders.

Der Protokollführer notiert: »Dr. Wartner lehnt den Vorschlag der Task Force dezidiert ab. Die Lancierung der neuen Modellreihe wird gestoppt.«

Werders Burn-out-Syndrom

Bis jetzt war Werder einfach gestresst. Total gestresst. Wenn er einen Raum betrat, fing der an zu vibrieren. Wenn er durch den Korridor ging, flatterten die Anschläge am Brett. Und jede Minute, die er einer Sache widmete, stahl er einer andern. Werders Stress-Performance war vielleicht die höchste innerhalb des Unternehmens. Vielleicht sogar innerhalb der Holding.

Aber das Burn-out-Syndrom erwischt Werder auf dem falschen Fuß. Ihn! Mit seinem Riecher für Trends! Während er sich noch vom Stress zu Höchstleistungen peitschen lässt, sitzt die Avantgarde bereits mit ausdruckslosem Blick gelähmt an ihren Schreibtischen und fühlt sich leer und ausgebrannt.

Und er Idiot betrachtet Stress nach wie vor als Stimulans, während die Trendsetter der Führungskräfte längst daran zerbrechen.

Noch nie in seinem ganzen Leben hat er sich so von gestern gefühlt. Er nimmt den Begriff Burn-out-Syndrom zum ersten Mal bewusst zur Kenntnis, als Grieder bereits in der Rehaklinik liegt. Ausgerechnet 50-Stunden-Grieder, der immer entweder noch nicht gekommen oder schon gegangen ist, wenn Werder kommt und geht.

Dieser Grieder erscheint eines Tages nicht zur Arbeit, und im Board-Meeting flüstert man ehrfurchtsvoll: »Burn-out.« Zuerst denkt Werder, es handle sich um eine besonders exklusive Feriendestination, Grand Hotel Burn-out, das Burn-out-Atoll oder Martha's Burn-out, und ärgert sich, dass Grieder sich das zeitlich und finanziell leisten kann. Aber bald wird ihm klar, dass es sich um eine Krankheit handelt, und er zwingt sich, sein Gesicht in mitfühlende Falten zu legen.

Nach dem Meeting googelt er im Internet und stellt erschüttert fest, dass das Burn-out-Syndrom die Folge von – Überengagement ist. Grieder!

Burn-out-Syndrom bekommen Leute, die für ihre Arbeit leben. Die glauben, mehr zu arbeiten als ihre Kollegen und im Unternehmen unentbehrlich zu sein. Grieder! Im Unternehmen unentbehrlich!

Im Vorzimmer bemerkt er zu Frau Kaiser, die sonst Sinn für Humor hat: »Wissen Sie, wovon man das Burn-out-Syndrom bekommt? Überengagement.«

Sie antwortet: »Ich weiß. Armer Herr Grieder.« Als wäre ihm soeben postum das Purple Heart überreicht worden.

Ab sofort beginnt Werder, fließend von Stress auf Burn-out zu wechseln. Nicht, dass er die körperlichen Symptome vortäuschen müsste. Sich am Morgen erschöpft und unausgeschlafen fühlen? Unter Schlafstörungen leiden? Unter Alpträumen? Herzklopfen? Hohem Blutdruck? Verspannungen? Hat er alles im Repertoire. Nur hat er es bisher ignoriert. Weggesteckt, als unvermeidliche Nebenwirkungen seiner täglichen Dosis Stress.

Aber jetzt, wo es um den Aufstieg von der Stress- in die Burn-out-Liga geht, beginnt er gezielt unter den Symptomen zu leiden. Unter den angenehmeren – mehr Alkohol als früher, beschleunigte Gewichtszunahme – und unter den heikleren – Verdauungsstörungen, Probleme im Bett.

Nach wenigen Wochen hat Werder alles drauf: leer, ausgebrannt, unnütz, pessimistisch, hilflos, unmotiviert, gleichgültig. Alles auf Abruf.

Jetzt arbeitet er noch am Plötzlich-grundlos-Weinen.

Der Mensch im Mittelpunkt

Wer sagt es denn: Der Trend geht wieder Richtung Mensch. Haben die es auch schon gemerkt. Hat aber gedauert. Nach Jahren der Profitmaximierung, Kostenreduzierung, Synergetisierung, Restrukturierung, Shareholder Validierung, Liberalisierung stoßen sie plötzlich auf den Menschen als prioritären Unternehmenswert.

Mosimann sitzt in der Lobby des Majestic und arbeitet Management-Fachliteratur auf. Ab und zu braucht er das, sonst ist er weg vom Fenster.

Bei den meisten Neuerscheinungen genügt es zwar, die *minutes* zu lesen, um mitreden zu können. Aber es ist auch immer wieder mal ganz wirkungsvoll, mit einem Zitat aufzutrumpfen, das nicht in den Kurzzusammenfassungen steht. Deshalb deckt er sich einmal im Monat mit einem aktuellen Querschnitt ein und haut für ein paar Tage ab. *No calls.*

Diesmal hat er sich für das Majestic entschieden. Nicht so penetrant *business*. Davon hat er auf Geschäftsreisen genug. Wirklich gut ausgebildetes Personal. Diskret und trotzdem aufmerksam. Nette Suiten. Nichts Protziges, Schlafzimmer, Wohnzimmer, Umkleidezimmer, Bäder. Aber die Details stimmen. Das ist wichtig in einer Klausur. Sonst ist die Konzentration futsch. Da darf der Kamin keine Attrappe sein. Wenn er es als effizienzfördernd erlebt, vor dem Kaminfeuer zu arbeiten, dann braucht es einen Kamin, der funktioniert, und jemanden, der ihn anfeuern kann. Nur als Beispiel.

Dass er jetzt in der Lobby arbeitet, hat wirklich nichts mit der Qualität der Suite zu tun. Es hat, hübscher Zufall, genau mit dem Thema des Buches zu tun, das er im Moment mit einem leuchtgrünen Marker durchhighlighted: *Der Mensch.*

Der Mensch, nicht als *human resource,* nicht als Kostenfaktor, nicht als Produktionsrisiko, nicht als Einsparpotential. Der Mensch als Mensch. Wie er die Lobby betritt, langbeinig und mit schlanken Fesseln, unternehmungslustig oder gelangweilt, der Mensch, wie er an Mosimanns Sessel vorbeistöckelt oder -schlendert oder -wiegt und die drei Tritte zur Bar hochsteigt und ihn – vielleicht – mit einem Blick streift, bevor die Tür aufgleitet und der Mensch in der Bar verschwindet.

Jetzt endlich, nach Jahren der entmenschlichten Gewinnorientierung, beginnt die Managementlehre den Menschen als Unternehmenszweck zu entdecken. Die Erhöhung des psychischen und physischen Wohlbefindens wird endlich zum Maßstab des wirtschaftlichen Erfolgs. Und materielle und finanzielle Wertschöpfung gelten endlich als nichts anderes als deren ganz natürliches Nebenprodukt.

Hat er immer gesagt. Aber ihm glaubt man es nicht. Von ihm wird erwartet, dass er vierundzwanzig Stunden am Tag für den Laden zur Verfügung steht. Ihn benutzt man als den entmenschlichten Vollstrecker einer Meute geldgieriger Aktionäre.

Mosimann blickt sich in der Lobby um. Ein ständiges Kommen und Gehen unbeschwerter schöner Menschen besten psychischen und physischen Wohlbefindens. Und mitten unter ihnen Mosimann, das arme Schwein, am Fachliteratur Büffeln.

Spontan geht er in die Bar, bestellt einen Whisky und beschließt, den Nachmittag freizunehmen. Unter Menschen.

Hitzeopfer Schönenberger

›Morgen tu' ich's‹, denkt Schönenberger. Es ist früher Nachmittag, und das Thermometer zeigt 32 Grad. Außentemperatur, versteht sich; Schönenbergers Büro ist auf angenehme 21 heruntergekühlt. Aber man ist ja nicht nur im Büro. Die Distanz zwischen Wagen und Büro, zum Beispiel, ist über weite Strecken *unconditioned*. Ganz zu schweigen von den Gartenbeizen, die zurzeit in den Mittagspausen im Trend liegen. Und, sein wichtigstes Argument: Hitze ist ja nicht nur eine Wetterlage. Hitze ist vor allem ein Lebensgefühl.

Die Stadt ist voller Menschen auf dem Sprung in die Ferien oder noch nicht ganz aus diesen zurück, achtlos in etwas Beliebiges, Schlabbriges, Luftiges geschlüpft, umweht von Cologne und Aftersun.

Die Hitze verstärkt das Körperbewusstsein. Nicht nur fremder Körper (bei Frau Gertsch zeichnet sich unter der dünnen Leinenhose etwas wie ein Stringtanga ab) wird sich Schönenberger bewusster als sonst, sondern auch seines eigenen. An Tagen wie diesem betrachtet er seinen Körper nicht einfach als einigermaßen zufriedenstellend funktionierende Infrastruktur seines Kopfes. An Tagen wie diesen spürt er seinen Körper. Und der will nichts wie raus. Raus aus der Förmlichkeit seines

Business-Anzugs, raus aus der Enge seiner Paisley-Krawatte, raus aus der Zugeknöpftheit seines Buttondown.

›Morgen tu' ich's.‹

Eigentlich wollte er es schon gestern, ach was, schon seit Tagen. Bereits dreimal hat er sich, als die Luft rein war, ins Schlafzimmer eingeschlossen und die Shorts anprobiert. Passen tun sie jedenfalls noch. Etwas knapp zwar, aber soviel er sich erinnert, waren sie schon etwas klein gearbeitet, als er sie letztes Jahr in Nizza gekauft hatte. Was soll's, sein Körper will raus. Besonders die Stelle über dem Hosenbund.

Für oben hat er verschiedene Optionen durchgespielt: ein Lacoste gelb, ein Lacoste blau, ein Lacoste weiß und ein Lacoste rosa. Letzteres ist zwar farblich etwas gewagt, macht das aber durch eine zurückhaltendere Körperbetonung wett, da er es sich erst diese Saison spontan und in seiner aktuellen Größe angeschafft hat.

Gewisse Schwierigkeiten bereitet ihm die Fußbekleidung. Er persönlich fühlt sich in Schuhen und Socken am sichersten, glaubt sich aber zu erinnern, dass diese in Kombination mit Shorts in Lifestylekreisen verpönt sind. Er tendiert also zu Mokassins ohne Socken, obwohl er sich der Gefahr von Blasen durchaus bewusst ist.

Schönenberger wäre von der Sache her seit Tagen bereit, wie selbstverständlich in Shorts im Büro aufzutauchen. Was ihn aber jedes Mal in letzter Sekunde hat zurückschrecken lassen, war die Vorstellung, wie Ruf, Knaus, Streib und die andern reagieren würden. Aber jetzt waren Knaus und Streib in den Ferien, Ruf musste für zwei Tage in die Zentrale nach London, und die andern können ihn alle am Arsch lecken, so schlecht sieht er nämlich gar nicht aus in Shorts. Vielleicht etwas dünne Beine im Verhältnis zum Rest. Aber vielleicht ist er auch zu streng mit sich.

›Morgen tu' ich's.‹

Und tatsächlich, am nächsten Morgen tut er's. Duscht sich, rasiert sich, deodoriert sich, kämmt sich, pudert die Mokassins, packt den Aktenkoffer und federt in beigen Shorts und rosa Lacoste die Treppe hinunter, ein Liedchen auf den Lippen.

Und so wäre er auch aus dem Haus gekommen, hätte nicht Monika, seine Frau, am Frühstückstisch die Zeitung gesenkt und gefragt: »Wohl verrückt geworden?«

Ferien-Management

Ferienplanung

Wie jeden Juli fahren Leimbergers in die Provence. Und wie jeden Juli sucht Leimberger nach einem Grund, nicht die ganzen drei Wochen dabei sein zu müssen. Natürlich liebt er Anna und die Kinder, darum geht es nicht. Er ist einfach nicht so der Familienferientyp. Er kommt sich dabei sehr schnell überflüssig vor. Ein Zustand, den er höchstens zehn Tage aushält, ohne dass er ihm aufs Selbstvertrauen schlägt. Und es kann ja nicht der Sinn von Ferien sein, dass der Manager mit angeschlagenem Selbstbewusstsein aus ihnen zurückkehrt.

Diesmal lautet der Grund für die abgekürzten Ferien: der Göteborg-Auftrag. Er bietet sich an, weil der Begriff familienintern gut eingeführt ist. Es handelt sich dabei um einen Auftrag, um den sich die Firma lange bemüht hatte und der schon vorher manchmal als Grund für Wochenendarbeit und Spätschichten herhalten musste.

Es wirkt also durchaus glaubwürdig, als Leimberger eines Abends Anna mit einem Gin Tonic in der Küche überrascht, die Augen verdreht und sagt: »Guess what – der Göteborg-Auftrag versaut uns die Ferien.«

Anna trägt es tapfer. Sie trinkt einen Schluck, seufzt traurig, trinkt noch einen Schluck und sagt: »Schade.« Kein Wort des Vorwurfs.

Sie besprechen die Details mit großer Sachlichkeit. Gemeinsame Anreise, acht Tage konsequentes gemeinsames Ausspannen und Quality Time für die Kinder, danach Abreise Leimbergers mit der Option, dass er für die letzten drei Ferientage zurückkommt. Eine unwahrscheinliche Option, wie er Anna rücksichtsvoll verschweigt.

Leimberger beginnt sich auf acht Tage Familienferien und zwölf Tage Ferien von der Familie zu freuen, als plötzlich der Göteborg-Auftrag flötengeht. Den finanziellen Verlust kann Leimberger verkraften – er besitzt keine Aktien der Firma, die er managt. Aber den Verlust des Vorwands, die Familienferien abzukürzen, ist er nicht bereit hinzunehmen. Er erwähnt den Auftragsverlust zu Hause nicht. Und wenn beim Frühstück das Wort »Göteborg-Auftrag« fällt, verdreht er die Augen doppelt glaubwürdig.

Die Ferien rücken näher, und die kleine Notlüge – wie sie Leimberger bei sich nennt – wäre unentdeckt geblieben, hätte Anna nicht eine Freundin, deren Mann in der gleichen Branche wie Leimberger tätig ist. Sie treffen sich einmal im Monat zum Sushi, und bei dieser Gelegenheit erwähnt Anna, dass Leimberger die halben Ferien für den Göteborg-Auftrag opfern müsse.

»Aber der Göteborg-Auftrag ist doch futsch«, wundert sich die Freundin.

Einen Moment ist Anna stumm vor Schreck. Dann sagt sie: »Das hast du mir nicht gesagt, okay?«

Fehlentscheid auf Führungsebene

Ich hätte auf dem Engadin bestehen sollen, denkt Nievergelt, als sie am Strand ankommen. Er mustert angewidert die drei Reihen frischbezogener Strandliegen unter blauweiß gestreiften Sonnenschirmen voller absolut makelloser Körper. Sie haben 28 und 29, zweite Reihe, mit einer Option auf 6 und 6 in der zweiten Ferienwoche. Die Liegen kosten im Tag etwa das, was er am Anfang seiner Karriere für ein Doppelzimmer mit Balkon ausgab.

Das Meer so blau, der Himmel so wolkenlos, eine angenehme Brise trägt das gutmütige Plätschern der kleinen Wellen herbei, die die Wassergräben der Sandburgen füllen, die austrainierte Väter für ihre schönen Kinder bauen.

Ich hätte auf dem Engadin bestehen sollen, denkt Nievergelt, als er beginnt, sich auszuziehen. Er schlüpft aus den Gummisandalen, die bereits die zarte Haut zwischen dem großen und dem zweiten Zeh aufgescheuert haben, und öffnet im Sitzen die langen Hosen, auf denen er aus ästhetischen Gründen bestanden hat, Varize an der linken Wade. Ein etwa dreißigjähriger Mann wie eine antike Bronzestatue beobachtet ihn als abschreckendes Beispiel dafür, was passiert, wenn man nicht täglich drei Stunden mit Gewichten arbeitet.

Bevor Nievergelt sich weiter auszieht, versichert er sich, dass er Badehosen trägt. Er hebt das weite Polo (XXL) ein wenig an und zieht den Bauch ein. Natürlich trägt er Badehosen, und zwar die neuen, kleinen, weißen mit den Seitenstreifen. Er hat sich für diese entschieden, weil sie aus einem schnelltrocknenden Material sind und er damit ins Wasser könnte, ohne sich nachher beim unauffälligen Badehosenwechsel einen Hexenschuss zu holen. Die großen, weiten, bermudaartigen schmeicheln zwar dem Träger mehr, weil sie den Übergang Bauch/Oberschenkelbereich etwas verlaufender gestalten, aber sie kleben im nassen Zustand auf extrem körperbetonte Art und trocknen stundenlang nicht. Auch wenn Nievergelt den Tag am Strand mit nassen Hosen überstehen würde, wenn der Moment käme, sich wieder anzuziehen, müsste er die Badehose gegen die mitgebrachte Unterhose tauschen, darauf würde Sandra beharren.

Sandra, seine zweite Frau, hat bereits das Bikinioberteil abgelegt, den Sonnenschirm zugemacht und begonnen, einen möglichst augenfälligen Kontrast zu ihm zu bilden. Das fällt ihr leicht, weil sie fünfzehn Jahre jünger ist und einen Teil seines Einkommens darauf verwendet, diesen Abstand zu vergrößern.

Ich hätte auf dem Engadin bestehen sollen, dort hätte ich den Hotelfrotteemantel anbehalten bis zur Treppe des Hallen-Pools und ihn nach meinen zwei Längen sofort wieder angezogen. Nievergelt legt sich auf den Bauch und versucht, das *Wall Street Journal* zu lesen, indem er es in den Sand legt und über die Oberkante des Kopfendes der Liege linst. Nach zwei Minuten fallen die ersten schweren Schweißtropfen auf den Leitartikel. Nievergelt beschließt, die Stellung zu wechseln. Dazu muss er das Kopfteil der Liege hochklappen. Und dazu wiederum muss er aufstehen und sich vornüberbeugen. Da das eine sehr verräterische Körperhaltung ist, versucht er, den Stellungswechsel möglichst rasch und ohne Aufsehen hinter sich zu bringen. Dabei verhaspelt er sich und muss sich vom herbeigeeilten griechischen Gott von einem Strandkellner mit dem Kopfteil helfen lassen. Er spürt alle Augen des Strandes auf sich gerichtet. Also nicht nur dick, denkt der Strand, auch noch doof.

Nievergelt legt sich auf den Rücken, den Oberkörper hochgelagert, die Zeitung diskret vor dem Bauch, und beginnt sich ein wenig zu entspannen.

»So bekommst du wieder diese weißen Ringe am Hals und um den Bauch«, ermahnt ihn Sandra.

Er hätte auf dem Engadin bestehen sollen.

Hunold, Manager und Familienvater

Hunold kann auch abschalten und nur für die Familie da sein. In der Regel Ende Juli. Dann lässt er die Firma Firma sein und geht in die Sommerferien. Zwar nicht vier Wochen wie Linda und die Kinder, aber immerhin zehn Tage. Es kommt ja nicht in erster Linie auf die Länge an, die Intensität ist es, die zählt. Und in puncto Intensität ist Hunold stark.

Er kommt so Mitte der zweiten Woche und meidet damit die gehässigen ersten Tage. Bei seiner Ankunft sind die Sonnenschutzfaktoren schon runter auf zehn, und Annina (7) und Terry (9) wissen, wo es die beste Pizza gibt und was »ein Magnum mit Mandelsplitter« in der Landessprache heißt. Linda ist braun genug für die neue Feriengarderobe und bewegt sich mit der Nonchalance einer erschöpften Mutter von zwei kleinen Kindern nach zehn Tagen Kampf gegen Ultraviolett, Quallen, Hitze und unterschiedliche Auffassungen in fast allen Fragen des täglichen Lebens. Wenn Hunold ankommt, ist die Familie bereit für ihn.

Den Abend nach seiner Ankunft widmet er Linda. Sobald sie die Kinder ins Bett gebracht hat, besitzt sie seine ungeteilte Aufmerksamkeit. Dann kann sie ihm einmal all das erzählen, wofür ihm sonst seine Managementaufgaben (letztlich ja seine Aufgaben als Ernährer) keine Zeit lassen. Das ist der Moment, wo er zuhört, wo er alles wissen will über die kleinen Sorgen und Sensatiönchen des Alltags einer Mutter zweier Kinder und Frau eines Executive Vice President der Schweizer Niederlassung eines internationalen Markenartiklers. Wenn es nicht zu spät wird oder einer seiner praktischen Ratschläge zu Haushaltführung oder Kindererziehung zu einer Verstimmung geführt hat, intensiviert er nach dem Zubettgehen die Beziehung auch noch über das rein Geistige hinaus.

Der Tag gehört dann der ganzen Familie. Er beginnt mit dem gemeinsamen Frühstück. Sich hinsetzen, sich zuwenden. »Wie würdest du Qualle schreiben, Annina?« – »Wie heißt das Land, wo wir sind, und wie seine Hauptstadt, Terry?« Kinder sind ja so wissensdurstig.

Das Programm des ersten Tages sieht keinen Strandbesuch vor. Das hat vor allem pädagogische Gründe. Hunold will mit dieser unpopulären Maßnahme seine natürliche Autorität von Anfang an wiederherstellen, Kinder brauchen Führung, sie wollen, dass ihnen jemand sagt, wo es langgeht. Natürlich ist das im Normalfall Linda, aber kann eine Mutter auf die Länge den Vater ersetzen? Ein Tag ohne die Ablenkung des Strandlebens verbessert die Intensität des Zusammenseins. Und auch die persönliche Erreichbarkeit am ersten Tag seiner Firmenabwesenheit.

Hunold beschäftigt sich also rückhaltlos mit seinen Kindern. Was sind das für kleine Menschlein, die er hier führt, für die er sorgt, die zu ihm aufschauen, die ihm vertrauen? Welche seiner Bewegungen, Züge, Charaktereigenschaften, Talente entdeckt er in ihnen wieder? Wie kann er wecken, motivieren, fördern?

Er versucht ihnen die Landessprache des Ferienortes näherzubringen, denn Kinder lernen Sprachen ja so leicht. Er bemüht sich, ihren Ekel vor Fisch zu überwinden, denn Kinder brauchen Phosphor und Magnesium. Er erzählt ihnen ausführlich über seine Tätigkeit als Executive Vice President, denn Kinder wollen wissen: Was ist das für ein Mensch, mein Papi? Was tut er, wenn er am Morgen früh weggeht und am Abend spät zurückkommt?

Im Bett nach dem ersten gemeinsamen Ferientag fragt Annina ihre Mutter: »Wie viel Mal schlafen, bis Papi wieder arbeiten muss?«

»Achtmal«, antwortet Linda Hunold, ohne nachzurechnen.

Huber spannt aus (1)

Hubers Strandliege hat einen weißen Überzug mit der Aufschrift »Coco Beach«. Caroline liegt neben ihm, dazwischen steckt ein Schirm mit der gleichen Aufschrift. Ein junger Mann in einem T-Shirt mit der gleichen Aufschrift geht zwischen den Liegen umher und kassiert die Mietgebühren.

Solange er nicht bei ihm vorbeigekommen ist, kann Huber sich nicht richtig entspannen. Im Gegensatz zu Caroline. Wenn er sich nicht täuscht, schläft sie bereits. Auf jeden Fall hat sie die Augen geschlossen. Möglich, dass sie das nur zur Vermeidung heller Krähenfüße tut, aber die Wirkung ist die gleiche: Sie bietet ein Bild absoluter Entspannung und hat das administrative Problem an ihn delegiert.

Dabei ist er es, der Ferien braucht. Laut Caroline. »Schalte doch mal ab«, hat sie immer wieder gesagt. »Versuch doch einfach einmal drei Wochen nichts zu tun, nichts zu denken, einfach zu sein.«

Ein paar Liegen weiter spricht der Strandkassierer mit einer Frau. Huber versucht vergeblich, seine Aufmerksamkeit zu erlangen. Schließlich packt er das Portemonnaie, das griffbereit auf der Badetasche liegt, und steht auf.

Auf halbem Weg sieht Huber, dass die Frau, mit der der Kassierer spricht, kein Bikinioberteil zu tragen scheint. Sofort macht er kehrt, geht zurück zu seiner Liege, schlüpft aus den Schlappen und legt sich wieder hin. Caroline hat von seiner Abwesenheit nichts mitbekommen. Er könnte ertrinken, sie würde sich nicht bei ihrer Entspannung stören lassen.

Seine frisch eingecremten Füße sind jetzt von weißem Sand überzuckert wie zwei Berliner. Er setzt sich wieder auf und säubert sie, so gut es geht. Dann die Hände, so gut es geht. Dann das Buch *Relax. Der schnelle Weg zu neuer Energie.*

Als er wieder zur Liege mit der jungen Frau hinüberschaut, ist der Beachboy verschwunden. Selber schuld, denkt Huber. Falls ich dann schlafe, wenn er kassieren will, muss er halt später wiederkommen.

Huber schließt die Augen. Wie einer, der sich schlafend stellt, weil er sich die Liegestuhlmiete nicht leisten kann, kommt es ihm in den Sinn. Er stützt sich auf den Ellbogen und hält Ausschau nach dem Mann im Coco-Beach-T-Shirt.

Wie ein Strandvoyeur, fährt es ihm durch den Kopf. Sofort legt er sich auf den Rücken, greift das Buch und hält es in bequemer Lesedistanz über den Kopf. Ein feiner Sandregen rieselt ihm aus den Seiten in die Augen. Er säubert die Zeigefinger, so gut es geht, und reibt vorsichtig die Augendeckel von der Mitte gegen die Nasenwurzel. Sofort fangen die Augen an zu brennen wie nach einer Pfefferspray-Attacke. *Avoid eye contact* hatte auf der wasserfesten Sonnencreme, Faktor 20, gestanden.

»Mami, warum weint der Mann?«, hört er ein Stimmlein fragen.

»Vielleicht ist er traurig, dass die Ferien so kurz sind«, antwortet die Mutter.

»Armer Mann«, sagt das Stimmlein.

»Hau ab!«, knurrt Huber.

Huber spannt aus (II)

Mit einem Zipfel des Badetuchs versucht Huber, sich den Sand aus den brennenden Augen zu tupfen. Caroline hat ihre geschlossen und macht keine Anstalten, ihm beizustehen.

Dabei trägt sie die Verantwortung. Ohne sie wäre er nicht hier, hätte keinen Sand aus den Augen gerieben und keine Sonnencreme an den Fingern gehabt. Andere Frauen wären längst dabei, die Augen ihrer Männer vorschriftsgemäß mit großen Mengen Wasser gründlich zu spülen. Nicht so Caroline. Sie liegt auf der Strandliege und meidet jede Aufregung.

Mit zusammengekniffenen Augen tastet er nach seinen Schlappen, findet sie nicht und macht sich barfuß auf den Weg zur Coco-Beach-Bar. Nach ein paar würdevollen Schritten im glühenden Sand verfällt er in einen lockeren Laufschritt, den Rest der Strecke legt er Haken schlagend von Sonnenschirmschatten zu Sonnenschirmschatten zurück. Mit brennenden Augen und Füßen wartet er, bis die Toilette frei wird.

Im Büro hätte er jetzt die Wahl zwischen drei um diese Jahreszeit praktisch nicht frequentierten Direktionstoiletten.

Nach ein paar Minuten geht die Tür auf. Die junge

Frau, mit der sich der Liegestuhlkassierer so lange unterhalten hat, kommt heraus. Sie wirft ihm einen misstrauischen Blick zu. Huber erkundigt sich beim Barman nach der Herrentoilette und erfährt, dass es nur diese eine Toilette gibt. Er geht zurück und sieht gerade noch, wie der Liegestuhlkassierer in der Tür verschwindet. Um die Begegnung zu vermeiden – er hat das Portemonnaie auf der Badetasche liegen lassen –, beobachtet er die Toilette aus der Distanz.

Als der junge Mann herauskommt, sieht Huber eine ältere Frau auf die Toilette zusteuern. Er schafft es gerade noch, vor ihr die Tür zu erreichen, und hört sie sagen: »Aha, ein Gentleman.«

Huber dreht den Hahn des Waschbeckens voll auf und schaufelt sich mit beiden Händen Wasser in die offenen Augen. Das Brennen nimmt sofort zu. Salzwasser.

Huber eilt zur Theke. »Trinkwasser!«, ruft er dem Barman zu.

»Mit oder ohne Gas?«

Er bestellt eines ohne, trinkt einen Schluck, benetzt unauffällig eine Papierserviette und wäscht sich diskret die Augen aus. Das Brennen lässt nach. Er tänzelt über den heißen Sand zur Liege zurück, Caroline hat sich nicht gerührt.

Das Portemonnaie ist noch dort. Er nimmt es, hüpft zur Bar zurück und bezahlt.

Als er zur Liege zurückkommt, ist Caroline wach.

»Der junge Mann wollte kassieren, aber du musstest ja das ganze Geld in die Bar mitnehmen.«

Es gelingt Huber, sich wortlos hinzulegen und schlafend zu stellen. Der Schweiß in seinem Körper versucht vergebens, die Schicht wasserfeste Sonnencreme, Faktor 20, zu durchdringen.

Im Büro würde er jetzt eventuell das Jackett ausziehen. Oder die Klimaanlage kühler einstellen.

Huber spannt aus (III)

Wie soll sich eine Schweizer Führungskraft entspannen auf einer Strandliege, deren Miete nicht bezahlt ist? Noch dazu, wenn die Ehefrau auf der Nachbarliege (deren Miete er ebenfalls schuldet) ihn ermahnt, sich endlich zu entspannen.

»Ich bin ja entspannt«, murrt Huber, ohne die Augen zu öffnen.

»Nein, du denkst ans Geschäft. Du bewegst die Zehen.«

Jetzt, wo sie es erwähnt, wird er sich bewusst, dass er die Füße zu Fäusten ballt und zu Füßen streckt, ballt und streckt, ballt und streckt.

»Das tu ich zur Entspannung«, belehrt er Caroline, ohne Hoffnung, dass sie sich mit dieser Erklärung zufriedengeben würde.

»Und weshalb ist dann dein Gesicht so verkniffen?«

Huber merkt, dass er die Augen so fest zugepresst hat, dass er, falls er tatsächlich einschlafen sollte, mit einem Gesichtsmuskelkater erwachen würde.

»Falls ich schlafe, wenn der Typ die Liegen und den Sonnenschirm kassieren kommt: Das Portemonnaie ist im Außenfach der Badetasche«, sagt er, um das Thema zu wechseln.

»Ach, deshalb«, sagt Caroline.

»Deshalb was?«

»Bist du so verkrampft. Du wartest auf den Strandwächter.«

»Ich warte überhaupt nicht, ich will nur nicht, dass du mich weckst, wenn er kommt. Nur das.«

»Wenn wir schlafen, wenn er kommt, muss er halt später wiederkommen.«

Wir! Sie nimmt also in Kauf, dass sie schläft, wenn der Strandwächter kommt.

Wenn sie sich doch solche Sorgen macht, dass er sich nicht entspannen könne, bis die Miete der Liegen und des Schirms bezahlt ist, warum sagt sie dann nicht »Relax, Schatz, ich kümmere mich um die Sache«?

Wenn Flawiler aus der Finanz anstelle von Caroline neben ihm läge, dann wäre Huber völlig entspannt. Flawiler würde ihn nicht mit Details wie der Abgeltung der Liegenmiete behelligen. Er würde sich zum gegebenen Zeitpunkt darum kümmern und, wie er ihn kennt, sogar noch besonders günstige Konditionen herausholen. Während Huber sich um die wichtigen Aufgaben kümmern könnte. Um seine Entspannung, zum Beispiel.

Oder Hopfer. Wenn Hopfer von der Rechtsabteilung neben ihm läge, würde Huber einschlummern und müsste sich keine Sorgen machen, es könnten Zweifel an der Rechtmäßigkeit seiner Liegenbenutzung aufkommen. Hopfer würde dem Vermieter zum Beispiel klarmachen, dass es sich in diesem Fall um eine Holschuld des Vermieters handle, dessen Anspruch inzwischen allerdings erloschen sei.

Eine Zeitlang lässt ihn der Gedanke an Flawiler und Hopfer beinahe eindösen.

Aber er liegt neben Caroline! Und riskiert, als Strandliegen-Squatter verhaftet und abgeschoben zu werden!

»Jetzt hast du wieder angefangen, ans Geschäft zu denken«, sagt Caroline. »Ich seh's an deinen Füßen.«

Lindner offline

Diese Sommerferien will Lindner nutzen, um seine Ehe wieder ein wenig ins Lot zu bringen. Er hat einiges gutzumachen. Dreiundzwanzig Wochenenden außer Haus. (Die Statistik stammt von seiner Frau Jeannette.) Eine statistisch nicht erfasste Zahl von Fangtschon-mal-ohne-mich-an, ein paar Dutzend Mir-ist-da-etwas-dazwischengekommen und etwa gleich viele Ich-hoffe-du-hast-noch-nicht-gekocht. Plus die Privatbewirtung von Landmanns, bei der er vergessen hatte, Jeannette rechtzeitig auf die Glutenallergie von Frau Landmann aufmerksam zu machen. (Sie hatte sechs verschiedene hausgemachte Pasta gekocht.) Plus die Sache mit Patrizia, von der Jeannette zwar nichts weiß, aber ahnt sie etwas?

Lindner überrascht die Familie also mit Offline-Ferien. Seine Assistentin hat ihm ein Haus am Arsch der Welt organisiert. Genauer: am Arsch von Mallorca. Eine Finca mit Solarstrom, Ökopool und ohne Telefonanschluss. Zwanzig Cherokee-Minuten vom nächsten Kaff entfernt.

Jeannette ist sprachlos. Ganz im Gegensatz zu Joel (9) und Jasmin (7), als sie erfahren, dass »offline« auch MP3-, Gameboy- und TV-frei bedeutet. Jeannette findet ihre Sprache erst wieder, als Lindner ihr eröffnet, dass »elektronisch frei« auch bedeute, dass er Laptop, Palm und Handy ebenfalls zu Hause lassen werde. »Auch mein Handy?«, fragt sie fassungslos.

Der Gedanke, dass Lindner während zweier Wochen keinen täglichen Kontakt zur Firma haben könnte, ist natürlich absurd. Während Jeannette vormittags in die Tienda des nächsten Orts zum Einkaufen fährt, bleibt er unter dem Vorwand, die Kinder besser kennenlernen zu wollen, zu Hause und verfasst seine Faxe. Am Nachmittag fährt er zur Tienda und kauft sich die Zeitungen vom Vortag. Bei dieser Gelegenheit gibt er seine Faxe auf und holt sich die ab, die angekommen sind. Er ist nicht der Einzige, der diesen Service von Pilar, der Tochter des Tiendabesitzers, nutzt. Manchmal muss er eine ganze Weile warten, bis andere Herren in Shorts, die ebenfalls Offline-Ferien machen, bedient sind.

Das Konzept ist ein Erfolg. Lindner pflegt seine Ehe, ohne dabei die Firma zu vernachlässigen. Aber am zweitletzten Ferientag, als er wegen eines dringenden Fax auch Jeannettes morgendlichen Einkauf übernimmt und am Abend den Inhalt der Schachtel mit der Aufschrift »Lindner« nach der Antwort durchsucht, stößt er auf folgendes Fax. »Ach, Kleines, wie soll ich einen Tag ohne Dein Morgenfax überleben? Konntest Du ihm nicht entwischen? xxx Carlo.«

Zuerst denkt er, Pilar habe sich in der Schachtel geirrt. Aber dann sieht er, dass die Zeilen an Lindner adressiert sind. Jeannette Lindner.

Mosers Ferienopfer 93

Ü berarbeite dich nicht«, sagt Esther durchs offene Wagenfenster. Moser schenkt ihr ein abgekämpftes Lächeln. Dann tritt er zurück und entlässt den vollbepackten Range Rover durch die Einfahrt. Zoë hält Zippys Pfote und winkt ihm damit zu. Marc schaut kurz von seinem Gameboy auf. Esther nimmt rasch die Linke vom Steuer und lässt sie zum Fenster hinausflattern. Moser geht auf die Straße und winkt seiner Familie lange und diszipliniert nach. Dann schließt er das Tor und geht gemessenen Schrittes ins Haus zurück. Erst dort, in der Abgeschiedenheit des Wohnzimmers, wirft er sich mit einem Jauchzer, den er sofort bereut, ins Ledersofa, macht sich aber keinen Drink, denn während der nächsten zwei Stunden muss mit einer überstürzten Rückkehr gerechnet werden. Zippys Impfausweis, Marcs T-Shirt mit der Aufschrift »Son of a Beach«, Zoës Ray-Ban oder Esthers Jogaführer.

Moser verstreut also ein paar Unterlagen auf dem Clubtisch, steckt sein Powerbook ein und lauscht genießerisch der Stille des Hauses. Erst als die zwei Stunden um sind, schlüpft er in seine Boxershorts mit den Palmen, mixt sich einen Gin Tonic und legt sich auf Esthers Deck Chair, den er zur Erhaltung seiner ungesunden Hautfarbe aus der prallen Sonne in den Schatten der Ligusterhecke zieht.

So verbringt Moser ein perfektes Wochenende, nur einmal gestört von Esthers telefonischer Mitteilung, dass sie gut angekommen seien, im Swimmingpool allerdings zwei tote Eidechsen getrieben hätten. Moser versichert ihr, dass er sich ein paar Stunden Schlaf gönnen werde, und macht sich anschließend einen neuen Gin Tonic, wo er doch schon steht.

»Ich habe heute einen Sautag, Frau Seebacher, ich bin für niemanden zu sprechen«, sagt er am Montag im Empfang zur Telefonistin, die das Wochenende offensichtlich an der Sonne verbracht hat, und ertappt sich beim Gedanken, ob sie wohl nahtlos? »Außer für Ihre Frau, natürlich«, ergänzt sie. »Außer für meine Frau, natürlich«, bestätigt Moser. Dann geht er durch das verwaiste Vorzimmer – seine Sekretärin absolviert ihre Wanderferien auf Korfu – in sein Büro und verbringt den Vormittag mit der Lektüre verschiedener *Playboy*-Interviews.

Beinahe wäre er zu spät zum Apéro mit Linder (Familie in Forte dei Marmi) und Reichen (Familie in Wengen) gekommen. Es ist schon nach halb zwölf, und die beiden haben ihren gespritzten Aigle vor sich. Moser bestellt aus Solidarität mit den Seinen etwas Südfranzösisches (Pastis). Dann lässt er zwei angenehme Stunden bei einer sommerlichen Mahlzeit in einem halbleeren Lokal vorbeiplätschern, bevor er angeregt in die verdöste Firma zurückgeht und der Telefonistin (ist das Sonnenöl, was so riecht?) Weisung gibt, nur in Notfällen zu stören.

Keine Notfälle den ganzen Nachmittag, den Moser mit dem Studium der Gebrauchsanweisung seiner elektronischen Agenda verbringt. Dafür am nächsten Morgen, als er sich zu erinnern versucht, wohin er mit Tschudi (Familie an der Costa Blanca) nach Lokalschluss noch hingegangen war. Erst beim Apéro mit Linder und Reichen weichen die pochenden Kopfschmerzen einem Gefühl der Leichtigkeit.

Nachmittags lässt er sich von der Telefonistin (ja, Sonnenöl) mit Esther verbinden und lässt durchblicken, dass aus der Woche, die er dort sein wollte, wohl nur drei Tage werden. Hier sei der Teufel los.

Personality Styling

»Iii, Papi, du stichst!« Noëmi befreit sich aus Tannbergs Umarmung und beschäftigt sich weiter mit ihren Cornflakes.

Auch Sandra, seine Frau, wendet den Kopf ab, als er ihr den Gutenmorgenkuss geben will. »Noëmi hat recht, du stichst.«

Tannberg geht nicht darauf ein. Er setzt sich an den Frühstückstisch, trinkt seinen Orangensaft und schaut auf die Pinien, die die Sicht vom Balkon aufs Meer verdecken.

Zwei Tage gelingt es ihm, das Thema zu übergehen. Aber am dritten, als er unbeschwert neben Sandra auf der Strandliege etwas Managementliteratur aufarbeitet, sagt sie unvermittelt: »Das ganze Jahr rasiert ihr euch täglich für irgendwelche Idioten, aber bei euren Frauen lauft ihr herum wie Stadtstreicher.«

Tannberg hatte gehofft, den kritischen Zeitraum zwischen unrasiert und Fünftagebart ohne grundsätzliche Diskussionen überbrücken zu können. »Ach, Sandy«, fleht er, »lass mich doch zuerst einmal abschalten.«

Am fünften Tag fangen die Stoppeln an, sich zu einem Gesamtbild zu schließen. Zum ersten Mal in seinem Leben bekommt Tannberg einen Eindruck davon, wie er mit Bart aussehen würde. Nicht schlecht. Mit einem Touch ins Intellektuelle. Und einem Zug ins Mediterrane.

»Lässt du dir eigentlich einen Bart wachsen?«, erkundigt sich Sandra am sechsten Tag.

»Nur sehen, wie es ausschaut«, gesteht er.

»Das siehst du ja jetzt«, versetzt Sandra schnippisch.

Diese Bemerkung trägt entscheidend zur Verhärtung der Fronten bei und führt dazu, dass Tannberg den Bart austrägt. Unbeirrt von Sandra und Noëmi, die sich einen Sport daraus machen, ihn während der restlichen Ferienwochen auf kleine Essensreste aufmerksam zu machen, die sich in seinem Bart verfangen haben.

Zweifel regen sich bei ihm erst, als er, wieder zu Hause, am Sonntag vor Arbeitsbeginn in den Badezimmerspiegel blickt und sich fragt, ob er dem Bart nicht eine gewisse Fasson geben sollte.

Vorsichtig beginnt er, die Halspartie etwas auszurasieren, merkt, dass etwas mit der Symmetrie nicht stimmt, korrigiert erst links, dann rechts, dann wieder links, gleicht den Wangenbereich dem Halsbereich an und durchläuft so alle Barttrachten, bis ihm nur noch ein immer kleiner werdender Schnurrbart bleibt, den er schließlich ganz zum Verschwinden bringt.

Als er am Frühstückstisch erscheint, ruft Noëmi: »Iii, Papi, dein Gesicht ist oben braun und unten weiß!«

Reassessment

Ab einer gewissen Hierarchiestufe dienen Ferien nicht mehr dem Zweck, ein paar Tage den Job zu vergessen, sondern dem, ein paar Tage ungestört an diesen denken zu können. Untermann hat diese Hierarchiestufe schon vor Jahren erreicht und verbringt deshalb seine Sommerferien mit einem Schreibblock und etwas Managementlektüre an den jeweils schattigsten Plätzchen der jährlich wechselnden Feriendestinationen seiner Frau.

Dieses Jahr fesselt ihn die Idee eines Reassessments seines Topkaders. Wer sagt ihm denn, dass die Herren ihrer Aufgabe überhaupt noch gewachsen sind? Woher will er wissen, ob sie führungskompetenzmäßig überhaupt noch mithalten können? Klar, wenn sie die Vorgaben erreichen, weiß er es dann schon. Aber wenn sie sie nicht erreichen, ist es zu spät. Was ihm vorschwebt, ist eine objektive Bestandsaufnahme des Leistungspotentials und der möglichen Risiken.

Wie er einem Fachartikel zu diesem Thema entnimmt, existieren Methoden, Managerqualitäten durch regelmäßige Evaluation der Managementkompetenzen und der psycho-physischen Leistungsfähigkeit zu messen. Der Gedanke, seine Burschen diesem Verfahren auszusetzen, gefällt ihm so gut, dass er trotz der frühen Stunde einen Fruchtsaft mit einem Sonnenschirmchen und etwas Alkohol bestellt.

Er freut sich auf Steinlers Gesicht, wenn dieser erfährt, dass jetzt einmal ganz objektiv seine Problemlösungskompetenz, seine strategische Orientierung und seine Durchsetzungsfähigkeit geprüft werden.

Oder darauf, wie Traub reagieren wird, wenn er ihn mit dem Plan konfrontiert, ihn in Zukunft regelmäßig auf Führungskompetenz, Ergebnisorientierung, Begeisterungsfähigkeit und persönliche Präsentation testen zu lassen.

Je länger er darüber nachdenkt, desto besser gefällt ihm die Idee. Die Aussicht auf ein Reassessment würde die Bande aufrütteln und daran hindern, sich auf ihren vermeintlichen Lorbeeren auszuruhen. Womit der Zweck der Übung bereits erreicht wäre.

Durchfallen würde selbstverständlich keiner. Wäre ja noch schöner. Er wäre ein unfähiger CEO, wenn er Leute in Toppositionen sitzen hätte, die ihrer Aufgabe nicht gewachsen sind.

Aber falls doch?

Nach reiflicher Überlegung im Schatten einer grünweiß gestreiften Markise lässt Untermann die Idee eines Reassessments seines obersten Kaders wieder fallen.

Buchser himself

Die Bergruhe ist ein alter Kasten voller knarrender Parketts, pfeifender Wasserleitungen, klopfender Radiatoren und rauschender WC-Spülungen. Wenn endlich der Alleinunterhalter in der Halle seine Orgeln abschaltet, hört man die Schritte derer, die ins Bett gehen, und die Taxis derer, die noch nicht genug haben. Und Buchser weiß: Die kommen in ein paar Stunden zurück. Und das nicht leiser.

Nach der dritten praktisch schlaflosen Nacht macht er Martha vor dem Frühstück eine Szene. Auf die Atmosphäre, sagt er, pfeife er. Lieber wohne er in einem schallisolierten Bunker und könne schlafen. Er sei in den Ferien, und für ihn heiße das: sauer verdiente, bitter nötige Erholung. Ruhe brauche er, Rambazamba habe er danach wieder genug.

Martha begleitet ihn nicht zum Frühstück und weigert sich auch, mit ihm langlaufen zu gehen. Aber als Buchser am Nachmittag zurückkommt, liegt ein Säckchen der Dorfdrogerie mit einer Schachtel Ohropax auf seinem Nachttisch.

Noch nie in seinem Leben habe er Ohropax benützt, mault er. Das dürfe er keinem Menschen erzählen, dass er in der Bergruhe mit Ohropax habe schlafen müssen.

Aber als er kurz vor Mitternacht noch immer den Zugaben des Synthesizers (das dritte Mal *Volare*) lauscht und kurz darauf der Zimmernachbar neben ihm ein Bad einlaufen lässt und der Zimmernachbar über ihm seine neuen Skischuhe einläuft, schaltet er die Nachttischlampe an (soll Martha ruhig aufwachen), öffnet die Packung Ohropax, liest die karge Gebrauchsanweisung, knetet zwei passende Kügelchen und stopft sie in die Ohren.

Auf einen Schlag sind die Geräusche ausgeknipst. Buchser löscht das Licht, schließt die Augen und wundert sich, dass er nicht selbst auf die Idee gekommen ist.

Plötzlich hört er ganz in seiner Nähe jemanden atmen. Martha ist es nicht, er kennt ihr Atmen. Es klingt nach einem Mann. Ein etwas heiseres Einatmen, dann nichts, dann ein stoßweises Ausatmen, dann wieder nichts, dann ein gieriges Einatmen, nichts, nichts, dann ein erleichtertes Ausatmen, nichts, ein flaches Hecheln, nichts.

Und dazu das Rauschen. Ein dumpfer, pulsierender Geräuschteppich, wie von einer Großstadt vor einem nicht ganz schalldichten Fenster. Jedes Mal, wenn das Atmen stoppt, schwillt es an. Wispert, klopft, knackt, braust, brodelt, bis es wieder übertönt wird von einer neuen Variante des Luftholens und -ausstoßens seines Mitschläfers.

Buchser zupft die Ohropax aus den Ohren. Sofort werden die Geräusche abgelöst vom Jammern eines Wasserrohrs und vom dumpfen Aufschlag einer kleinen Dachlawine.

Er stopft die Wachspfropfen nochmals rein. Da ist es wieder, das Rauschen, Brodeln, Pulsieren, Klopfen, Knacken. Und auch das Einatmen, das Nichts, das Ausatmen, das Nichts.

Plötzlich weiß Buchser, wer das ist, den er da hört: Buchser himself.

Noch zwei Atemzüge, noch einmal das Anschwellen des inneren Rauschens, dann reißt er die Ohropax wieder raus.

Es geht Buchser mit Buchser wie den meisten Leuten: Er hält ihn nicht aus.

Ein Naturerlebnis

Am Wegrand die doldigen Rispen der gemeinen Schafgarbe und das letzte blaue Eisenkraut. Etwas tiefer in der Alpweide der gelbe Enzian und da und dort bereits die ersten Herbstzeitlosen. Stahlblau der Himmel, nur auf der anderen Talseite beim Piz Ajüx ein paar Wattebäusche. Die höchsten Gipfel sind schon weiß getüncht, und dennoch weht ein milder Sommerwind.

Ein Mann in Wanderausrüstung schreitet gemessen über den Alpweg. Er trägt ein Rucksäckchen, aus dessen Außentasche der Kopf eines Plüschdinosauriers ragt, und presst ein Handy an sein rechtes Ohr.

»…der nächste Schritt wäre dann die Umsetzung empirisch entwickelter Kundentypologien als interaktives Feedbacksystem. – Mhm, mhm. Klar, beide: die funktionalen und die emotionalen Benefits.«

Oberhalb des Weges grasen drei Kühe. Als sie den sprechenden Mann hinter der Kuppe auftauchen sehen, verstummen ihre Glocken. Bewegungslos glotzen sie ihn an.

»Was es braucht, ist eine kontinuierliche Umsetzungsunterstützung, am besten ein konsequentes Umsetzungscontrolling. Das gehört ins Anforderungsprofil. Sowie Zielfindungsworkshops. Richtig. Zur Definition der Servicestandards.«

Wie auf ein Zeichen hin fangen die Kühe wieder an zu grasen.

»Ach das? Dings, Kuhglocken. Und natürlich eine qualitative und quantitative Beschreibung der Prozesse.«

Zu seiner Linken ist die Wiese jetzt gelb-blau mit Zottigem Klappertopf und Wiesensalbei gesprenkelt. Der Mann schlängelt sich durch eine Viehsperre.

»Ich sehe da ganz klar eine Prozessoptimierung mittels Redesign der Prozesse aufgrund der Vorgaben durch die Servicestandards. Ja, Unterengadin. Wie jedes Jahr. Ja, wunderschön, super.«

Weiter unten auf dem Wanderweg taucht jetzt eine Frau auf. Sie schiebt einen leeren Kinderwagen und führt einen kleinen Jungen an der Hand, um ihn, solange es bergauf geht, am Einsteigen zu hindern.

Der Mann erreicht ein kleines Wäldchen. Dunkle Föhren und hellgrüne Lärchen im Gegenlicht werfen ihm ihre Schatten zu Füßen.

»Gehört meiner Meinung nach alles zur kundenzentrierten Geschäftsprozessanalyse. Was? Regula? Klar, auch hier. Was wir standardmäßig brauchen, ist eine Analyse der Auswirkungen unterschiedlicher Komponenten auf die Kaufbereitschaft und das Markenimage. Ja, Luca. Nein, im November drei. Innovative Lösungswege, Erschließung neuer Positionierungsfelder und Konzepte zur Kundenbindung et cetera.«

Ein Buntspecht meißelt sein Loch in die Rinde einer Bergföhre. Zwei Eichhörnchen jagen einander in den besonnten Zweigen einer Lärche.

Die Frau hat jetzt die Viehsperre erreicht und versucht, den Kinderwagen durchzuzwängen, ohne Luca von der Hand zu lassen, den es mit aller Macht zu den Kühen zieht.

Der Mann sieht sich nach seiner Familie um, kann sie nirgends entdecken und setzt sich zum Warten auf einen bemoosten Baumstrunk im kühlen Waldschatten.

»Ich denke da an ein Benchmarking zur optimalen Nutzung der Informationsinfrastruktur.«

Regula hat den Kinderwagen zusammengelegt und fädelt ihn jetzt durch die Kuhsperre. Luca spielt unterdessen mit einem Kuhfladen.

Als die Familie endlich zu ihm stößt, beendet der Mann das Gespräch und seufzt. »Es geht wieder mal gar nichts ohne mich.«

Held der Arbeit, Werder

Und warum nicht Nizza? Im Juli ist Nizza noch nicht so überlaufen.« Charlotte Werder hatte ihren Mann Heinz R. unternehmungslustig über das mit Prospekten und Landkarten übersäte Clubtischchen angeschaut. Werders machten Ferienpläne. »Wann machen wir jetzt endlich unsere Ferienpläne, Heinz?«, hatte Charlotte wie jedes Jahr nach den Winterferien zu fragen begonnen, und Werder hatte, wie jedes Jahr, geantwortet, »wann du willst«, und sich schließlich auf jenen Samstagnachmittag im Mai festnageln lassen.

Werder hatte genau gewusst, warum nicht Nizza. Nizza klingt nach Ferien. »Woche 29 und 30 bin ich in Nizza«, tönt nach Sonne, Meer, Schalentieren und alkoholischen Getränken bereits am späten Vormittag. Im Board würden Augenbrauen hochschnellen. »Nizza? Schön.« Im mittleren Kader würde es heißen: »Schon gehört? Nizza, der Chef geht nach Nizza.« Und im Betrieb würde es tönen: »Hoppla, nicht schlecht: Nizza!«

Deshalb hatte er zu Charlotte gesagt: »Strandferien! Du weißt doch, wenn ich mehr als zwei Tage herumliege, drehe ich durch.« Was natürlich nicht stimmte. Dass er es nicht aushält, nichts zu tun, gehört zu einer der am schwersten aufrechtzuerhaltenden Lebenslügen von Heinz R. Werder, und Charlotte wusste das.

»Keine Angst, die vier Kilos kriege ich weg bis im Juli«, hatte sie gesagt und sich über der Hüfte sorglos in die Seiten gekniffen. Werder kannte und fürchtete die Taktik Du-willst-nicht-mit-mir-an-den-Strand-weil-du-dich-meiner-schämst. Damit hatte sie ihn vor Jahren auf die Seychellen gelotst. Herrliche drei Wochen des hemmungslosen Nichtstuns, völlig unvereinbar mit dem Bild, das er von sich hatte. Die Sprachregelung in seinem Vorzimmer hatte damals gelautet: »Tut mir leid, Herr Werder ist außerhalb des Kontinents, aber falls Sie eine Message haben, wir reporten täglich.«

Trotzdem war »Seychellen« durchgesickert, und er war zu einem Vertuschungsmanöver gezwungen gewesen, das in einer aufwendigen Evaluation einer diversifikativen Beteiligung am betreffenden Reiseunternehmen ausgeartet war.

»In der Nähe einer Stadt«, hatte Werder vorgeschlagen, »wo man beide Optionen hat: Strand und Kultur.« Er hatte etwa an die Costa Brava gedacht. »Sorry, Woche 29/30 hab ich Barcelona«, würde gehen.

»Acapulco ist quasi eine Stadt«, hatte Charlotte eifrig gesagt. Werder hatte kurz überlegt. »Woche 29/30 bin ich in Acapulco zu erreichen«, war undenkbar. Aber »einmal im Jahr brauche ich die Staaten als Inspiration, blockieren Sie mir Woche 29/30«, könnte gehen. Aber stammte das nicht von Scherrer?

In zähen Verhandlungen waren Kreuzfahrten, Safaris und Ferienparadiese erwogen und verworfen worden, bis Charlotte schließlich ohne große Hoffnung gesagt hatte: »Evelyne und Bobby waren letzten Herbst in der Krim. Absolut phantastische Strände und noch nicht so überlaufen.«

Krim könnte gehen. Wirtschaftspionierland. Kein Mann der Wirtschaft geht zum Vergnügen in die ehemalige Sowjetunion. »Stadt in der Nähe?«, hatte er noch gefragt, und Charlotte hatte herausgefunden: »Jalta.«

»Tut mir leid, Herr Werder ist an einer Konferenz. – In Jalta.«

»Donnerwetter, mutet sich der Mann nicht zu viel zu?«

Weder lässt sich inspirieren

Ein Manager vom Schlage Weders bleibt auch in den Ferien am Ball. Er liest – wenn auch mit einem Tag Verspätung – die heimische und internationale Presse, hält per Fax und Handy den Kontakt zum Backoffice aufrecht und auch sonst die Augen offen.

Weder ist kein Strandmensch, dazu fehlen ihm Geduld und Körperbau. Während seine Frau und die Kinder den Wucherpreis für Strandzelt, Schirme und Liegestühle amortisieren, hält er sich lieber im Schatten der Straßencafés auf. Dort holt er sich seine Inspiration.

Wenn einer ein gutes Auge hat und ein Gespür dafür, wo die Dinge geschehen, kann er sich teure Reports und Newsletters von selbsternannten Trendforschern ersparen. Bereits am zweiten Ferientag fällt Weder ein junges Mädchen auf. Nicht ihr brauner, geschmeidiger Körper, ihre knappen Shorts und ihr enges, nabelfreies T-Shirt faszinieren ihn, obwohl sie ihm auch nicht gerade entgehen. Es ist der Anblick ihrer Schuhe, der ihn nicht mehr loslässt. Zuerst sieht er von seinem Beobachtungsposten aus nur den linken und glaubt einen Moment, es handle sich um eine orthopädische Maßanfertigung, mit der das Mädchen eine Verkürzung des linken Beines korrigiert. Er fragt sich, wie lang dann erst das unverkürzte Bein sein muss, und senkt die *Financial Times* ein paar Zentimeter. Aber auch am rechten Fuß trägt sie dieses Schuhwerk, das aussieht wie der geglückte Versuch eines Herstellers von Braunkohleförderanlagen, einmal etwas Unförmiges herzustellen. Das Mädchen, eigentlich zum Schweben gebaut, verlässt das Lokal mit dem schweren Schritt eines ausgemusterten Haflingers.

Von da an sieht er immer mehr schlanke Fesseln zartgliedriger Frauen in Schuhen wie ferngesteuerte Minensuchgeräte verschwinden. Hat er etwa einen neuen Trend entdeckt?

»Fällt dir auch auf, dass die jungen Frauen so klobige Schuhe tragen?«, fragt er am dritten Ferientag seine Frau beim Apéro.

Sie schaut ihn müde an. »Nicht mehr«, antwortet sie. »Ich habe mich längst daran gewöhnt.«

Weder entnimmt dieser Antwort den leisen Vorwurf, dass es sich um einen Trend handelt, der ihm schon früher hätte auffallen können. Aber den Trend erkennen ist das eine. Ihn richtig interpretieren das andere. Und das hat seines Wissens bisher noch niemand getan. Jedenfalls nicht in seiner Branche.

Die nächsten Tage verbringt Weder damit, den Trend zu deuten. Warum wollen junge Frauen aussehen, als würden sie im Hochsommer ihre neuen Skischuhe einlaufen? Wollen sie zeigen, wie fest sie mit beiden Füßen auf dem Boden stehen? Oder ist es die Ironisierung des männlichen Elements? Der Mut zur – wenn auch nur partiellen – Hässlichkeit? Die Abschreckung mittelalterlicher Herren mit Sonnenbrille, die ihnen hinter der *Financial Times* auf die Beine starren? Die Faust aufs Auge des Voyeurs? Oder handelt es sich einfach um die Betonung des Schönen durch den Kontrast des Unschönen? Diskrepanz um der Diskrepanz willen? Stilbruch als Stil?

Bis zum Ende der Ferien widmet sich Weder in Anschauung und Theorie intensiv dem Studium dieser Frage.

Am ersten Arbeitstag ordnet er an, die neue Abfüllanlage KX 234-GS auf 120-Millimeter-Stahlprofile zu stellen und die Schweißnähte roh zu belassen.

Held der Arbeit, Räber

»In den Ferien?« Ein ungläubiges Lächeln macht sich auf Fred L. Hubers (Präsident, CEO) Gesicht breit. »Sie meinen, Sie befinden sich nächste Woche in den Ferien? Ich habe Sie richtig verstanden, nächste Woche, so kurzfristig?« Dann ändert sich sein Ausdruck, er mustert Räber plötzlich besorgt. »Sie sind doch nicht etwa krank, Michel?«

»Nein, nein, ich bin okay. Es handelt sich um normale Ferien. Seit letztem Dezember auf der Ferienliste.«

Hubers Augen ruhen lange auf seinem Verkaufsdirektor. Ohne Vorwurf, ohne Tadel, aber voll tiefer Traurigkeit. Dann reißt sich sein Blick los, schweift langsam über den schwarzen Eschenkorpus, die Ledersitzgruppe, die Flip-Chart. Wo bin ich, Fremder unter Fremden? Wie lange schon? Wie lange noch?

Schließlich seufzt er: »Normale Ferien. Aha. Normale Ferien.«

Räber rutscht unbehaglich auf seinem Fauteuil. »Ich habe noch über zwanzig Tage vom letzten Jahr«, sagt er und könnte sich ohrfeigen für den defensiven Tonfall.

»Aber ich bitte Sie, Michel. Sie brauchen sich doch nicht zu entschuldigen.« Huber strahlt Güte aus, Verständnis, Väterlichkeit. »Jeder hat Anspruch auf seine Ferien.« Er gibt sich einen Ruck, macht eine verkrampft wegwerfende Handbewegung und lächelt tapfer: »Dann verschieben wir das doch einfach auf übernächste Woche.«

Räber schweigt betreten. Ein schrecklicher Verdacht bemächtigt sich Hubers. »Sagen Sie bloß, Sie planen zwei Wochen, Michel.«

»Neinnein!«, ruft Räber aus, »neinnein!«

Huber atmet auf.

»Drei Wochen, eigentlich«, stammelt Räber, »drei Wochen, ursprünglich, also geplant, ehem.«

In diesem Moment schiebt sich eine schwarze Wolke vor die Abendsonne und verschluckt die langen Schatten auf dem mausgrauen Velours der Führungsetage. Und mit der Dunkelheit breitet sich eine unheilvolle Stille über den beiden Männern aus.

Huber stützt seine Stirne in die flache Rechte. Weint er?

Dann, nach einer Ewigkeit:

»Michel?«

»Ja, Chef?«

»Michel, haben Sie familiäre Probleme?«

»Nein, wieso?«

»Es ist nicht gut für die Unternehmung, wenn ihr Management familiäre Probleme hat.«

»Ich habe keine familiären Probleme, wir wollten nur drei Wochen ans Meer, ursprünglich.«

»Und das sollen Sie auch, Michel, das sollen Sie auch. Ich mache persönlich Ihre Ferienablösung. Die Familie geht vor.«

Huber zückt eine Füllfeder, legt seinen Schreibblock zurecht. »Briefen Sie mich, Michel, was sind Ihre Pendenzen?«

Am gleichen Abend bringt Räber seiner Frau einen Strauß Rosen heim.

»Ist wieder etwas mit den Ferien?«, fragt sie in der Küche, als sie die Stengel schräg anschneidet und ihn die Kinder aus grellen Pyjamas misstrauisch mustern.

»Ich kann nur eine Woche.«

»Warum?«

»Der Chef meint sonst, ich hätte familiäre Probleme.«

Aus der Arbeit des Krisenstabs

An einem gewöhnlichen Mittwoch treffen sich Favre, Pfander, Menzel und Stefanie Rutzer zu einer kurzfristig anberaumten Krisensitzung im Café Marabu, einem unauffälligen, günstig gelegenen Tearoom. »Sag's ihnen«, fordert Favre Stefanie Rutzer auf.

»Er fährt nicht«, sagte diese nur. Allen ist klar, was sie meint: Otto Kunz, der geschäftsführende Direktor, fährt wieder einmal nicht in die Ferien.

»Vorläufig oder endgültig?«, fragt Menzel, ohne große Hoffnung. Stefanie Rutzer ist die Sekretärin von Kunz, ihre Informationen über den Chef sind normalerweise gesichert. »Er hat die übernächste Woche für Termine freigegeben«, erwidert sie sachlich.

Pfander seufzt. »Warum müssen wir das ausgerechnet in einem alkoholfreien Lokal besprechen?«

»Ich könnte jetzt auch etwas Stärkeres vertragen«, nickt Menzel.

Favre, der die Sitzung einberufen hat, gibt nicht so schnell auf. »Der Flug ist allerdings noch nicht storniert.«

Alle schauen Stefanie Rutzer an. Sie nickt. »Er will es erst im letzten Moment tun. Seine Familie soll nicht wissen, dass er es schon eine Woche vorher wusste.«

»Seine Familie wusste es schon ein Jahr vorher«, sagt Pfander verächtlich. »Er sagt jedes Mal ab.«

»Diesmal hat er schwören müssen, dass es dieses Jahr nicht passiert. Es ist das letzte Mal, dass die ganze Familie zusammen Ferien machen kann. Claudia ist nächstes Jahr in L.A. Und Ronnie wollte schon dieses Jahr nicht mehr mit.«

Die drei Herren schütteln die Köpfe. »Und er hat das Herz, diesen letzten Wunsch seiner Familie auszuschlagen«, entsetzt sich Menzel.

»Es bricht ihm fast das Herz, behauptet er. Aber er könne sich nicht zweiteilen.« Die Herren lachen auf. Die Vorstellung eines zweigeteilten Kunz gefällt ihnen. In die Stille, die jetzt folgt, murmelt Pfander: »Manchmal gibt es in Tearooms Liköre.« Niemand geht darauf ein.

Es ist wieder Favre, der konstruktiv wird: »Hat jemand eine Idee?«

»Wir könnten ihm die Arbeit abnehmen, die ihn daran hindert, zur Familie in die Ferien zu fahren«, schlägt Menzel vor. Er ist noch nicht so lange in der Firma.

»Welche Arbeit?«, fragen die andern wie aus einem Mund. Menzel wird etwas verlegen. »Ich meine die angebliche.«

»Der kann ja nicht einmal die richtige delegieren«, gibt Pfander zu bedenken.

Favre meldet sich: »Vielleicht sollte jemand von uns mit ihm reden. Ihm sagen, dass wir lieber drei Wochen auf ihn verzichten als für immer. – Schon gut, schon gut, war ja nur ein Vorschlag.«

Es ist Stefanie Rutzer, die schließlich den rettenden Vorschlag hat: »Ich rufe seine Frau in Nizza an und gebe ihr einen Tipp von Frau zu Frau.«

An einem gewöhnlichen Donnerstagmorgen treffen sich Frau Kunz und ihre beiden Kinder in einem Strandcafé in Nizza. Es ist eine kurzfristig anberaumte Krisensitzung. »Bestrebungen sind im Gange, Papa daran zu hindern, die Ferien abzusagen.«

Quality Time

Die Work-Life-Balance

»Ich muss Schluss machen, Walter kommt heute zum Abendessen nach Hause.«

»Zum Abendessen nach Hause? Ich kann mich nicht erinnern, wann Peter das zuletzt getan hat.«

»Bei Walter kommt es auch selten vor.«

»Aber es kommt immerhin vor. Ich koche nur noch Kindermenüs.«

»Wem sagst du das? Fertigpizzas, Tomatenspaghetti. Tomatenspaghetti, Fertigpizzas.«

»Und heute? Was kochst du heute?«

»Einen kleinen gemischten Blattsalat mit Kürbiskernöl und Zitrone, pochierten Lachs auf dem Lauchbett mit jungen in Olivenöl sautierten Kartoffeln. Und für alle Fälle habe ich noch Ingwer- und Mangosorbet im Gefrierfach. Obwohl: Walter steht nicht so auf Desserts.«

»Ich beneide dich darum, richtige Menüs kochen zu dürfen.«

»Wie gesagt, es kommt selten vor. Deswegen muss ich jetzt anfangen. Sonst geht es mir dann wie dir, und ich sehe meinen Mann auch nur noch an den Wochenenden.«

»Ach, du siehst ihn an den Wochenenden?«

»Ab und zu. Die Wochenenden gehören der Familie, sagt Walter immer.«

»Und was macht ihr dann so?«

»Am Samstag einkaufen. Und am Sonntag ausschlafen, später Brunch, Quality Time mit den Kindern und so weiter.«

»Du Glückliche! Wenn Peter mal an einem Weekend zu Hause ist, muss er arbeiten. So eingespannt ist er.«

»Eingespannt ist Walter auch.«

»Immerhin kann er zum Essen nach Hause kommen.«

»Ausnahmsweise.«

»Und die Wochenenden der Familie widmen.«

»Alles eine Frage der Organisation.«

»Ab einem gewissen Maß an Verantwortung nützt die beste Organisation nichts mehr. Manchmal gäbe ich viel darum, Peter wäre auch etwas entbehrlicher.«

»Wie gesagt: Beim letzten Mal, als Walter zu Hause aß, konnten wir noch im Garten essen. So lange ist das her.«

»Im Garten? Du isst mit der ganzen Familie im Garten? Manchmal frage ich mich wirklich, ob Peter zugunsten der Lebensqualität nicht auch ein paar Abstriche machen sollte bei der Karriere.«

»Walter macht keine Abstriche bei der Karriere.«

»Das braucht er auch gar nicht zu tun. – Es gibt ja auch natürliche Grenzen.«

»Wie meinst du das?«

»Sei froh.«

»Worüber?«

»Eben. Dass du einen Mann hast, dessen berufliches

Potential Platz für ein Familienleben lässt. Ich lass dich jetzt kochen. Ciao, genieße den Abend.«

»Moment.«

»Ja?«

»Walter ist karrieremäßig nicht am Anschlag, nur weil er einmal zum Abendessen nach Hause kommt. Er hat einfach seine Work-Life-Balance ein bisschen besser im Griff als gewisse andere Leute.«

»Seine Auslastung scheint immerhin einen Work-Life-Balance-Spielraum zu ermöglichen. Das ist doch schön!«

»Es gibt eben Leute, die haben genug Talent, um nicht alles mit dem Fleiß machen zu müssen.«

»Und es gibt auch solche, bei denen fällt es auf, wenn sie fehlen.«

»Und solche, die müssen mit ständiger Präsenz daran erinnern, dass es sie noch gibt.«

»Wie Walter, zum Beispiel?«

»Walter kommt zum Essen auch mal nach Hause.«

»Ich dachte, nur ausnahmsweise?«

Der wahre Luxus

Klar, so ein Maybach mit Internetzugang und Drucker und alle Chromzierteile im Innenraum mit einer 24-Karat-Echtgold-Auflage vergoldet und überall doppelt gesteppten Ledernähten und hochflorigen Lammfellteppichen und Zimmermanns reliefartig in die Türverkleidung eingearbeiteten Initialen wäre schon okay. Auch zu einer Motorjacht wie der WallyPower 118 von Luca Bassani, mit 17 000 PS und einer Spitzengeschwindigkeit von über 120 Kilometer pro Stunde würde Zimmermann nicht nein sagen. Und auch mit einer Vacheron Constantin Les Complications mit ewigem Kalender, Sprengdeckelboden aus Saphirglas und Gehäuseboden mit individuellem Dekor am Handgelenk würde er sich nicht allzu blöd vorkommen.

Auch ein Haus auf dem Suvretta-Hang über St. Moritz besitzen und es nie benutzen kommt Zimmermanns Vorstellung von Luxus sehr nahe. Und dazu eine nette Loft in der City, von der Sonja nichts weiß und in der sich eine Studentin aus der Ukraine rührend um die Pflanzen kümmert.

Aber seien wir ehrlich: Das alles ist nicht der wahre Luxus.

Der wahre Luxus ist Zeit.

Aber einer, der für ein Unternehmen auf dem Befestigungssektor mit über dreihundert Mitarbeitern verantwortlich ist, findet nicht einmal die Zeit, sich darüber bewusst zu werden, dass er keine hat. Noch ehe am Morgen nullsechsnullnull der Wecker richtig zu klingeln beginnt, hat er ihn schon zum Schweigen gebracht und ist aus der Tür, spült schon die Toilette, duscht schon den Rasierschaum ab, wählt schon die Krawatte, trinkt schon den Espresso, küsst Sonja schon goodbye.

An jeder roten Ampel ein paar Sekunden Aktenstudium, kein Kilometer ohne ein paar digitale Voice-Notizen. Und kurz darauf am noch verwaisten Empfang vorbei die acht Stockwerke hinauf in gestoppten hundertzwölf Sekunden (Bestzeit).

Wenn Frau Gärtner eintrifft, liegt sein digitaler Voice Recorder (kein Luxus) volldiktiert auf ihrem Schreibtisch, als würde Zimmermann ihr im Laufe der normalen Arbeitszeit auch nur eine Sekunde Zeit lassen, dessen Inhalt abzutippen.

Als Erstes revidieren sie zusammen die Termine des Tages, streichen ein paar, stellen ein paar um und quetschen noch ein paar weitere rein. Dazu nimmt Zimmermann ein Croissant, seinen zweiten Kaffee und seine ersten beiden Rennie Duo.

Bis Mittag ist er damit beschäftigt, den Überblick über die Meetings zu bewahren und deren Traktanden auseinanderzuhalten. Während der Mittagspause leitet er mit vollem Mund (zwei Sandwiches, einmal Thun, einmal Käse, plus zwei Diet Cokes) ein Spontanmeeting, während im Vorzimmer Frau Gärtner die Voice-

Notizen nicht in den Computer übertragen kann, weil bereits die Teilnehmer des nächsten Meetings warten, das schon längst begonnen haben müsste, falls das übernächste sich nicht hoffnungslos verspäten soll.

Und so verfliegt auch der Nachmittag. Erst wenn die letzte Fehlentscheidung seines oberen Kaders vermieden, dessen letzter Denkfehler aufgedeckt und dessen letzte Fehlmaßnahme korrigiert ist, kann Zimmermann sich seiner eigentlichen Aufgabe zuwenden: dem Strategischen. Und das tut er dann nicht selten bis tief in die Nacht hinein.

Am Ende eines solchen Tages, als schon die Putzmannschaft durch die Etage geistert und Frau Gärtner endlich vor dem Bildschirm sitzt und den Kopfhörer an den Voice-Recorder anschließt, fasst Zimmermann einen radikalen Entschluss:

Er nimmt seine Agenda und schreibt mit fettem Filzstift in jeden Tag der nächsten drei Monate zwischen neunzehn Uhr und neunzehn Uhr fünfzehn: »Zeit!«

Familie Gublers Quality Time

»Kinder! Quality Time!« Barbara Gubler klatscht in die Hände und steht am Treppenabsatz. Keine Reaktion. Nur das dumpfe Pulsieren der Bässe aus Chris' Zimmer. Seufzend geht sie die Treppe hoch. Sie trägt einen türkisfarbenen Rib-Nylon-Stringbody und eine bequeme Bodyhose mit ausdrucksvollem Muster in Fuchsia, Mandarin und Pink. Zum Rumtollen. Heinz Gruber ist schon im Garten und verankert das Badmintonnetz.

»Scheiße, er verankert das Badmintonnetz«, flüstert Jessy ins Telefon. Sie steht hinter der Gardine und ist grungy gestylt. Die Türe geht auf, und Barbara kommt rein. »Quality Time, Jessica, Papa wartet, mach Schluss, zieh dich um.«

»Ach, Mama«, fängt Jessy an, aber Barbara ist schon draußen und bearbeitet Chris' Türe. Als er sie endlich hereinlässt, ist das Fenster weit offen und der Rauch beinahe abgezogen. »Wir hatten schon letzte Woche Quality Time«, brüllt Chris. Barbara stellt den Hip-Hop auf Zimmerlautstärke. »Davon kann man nicht genug haben«, sagt Barbara bestimmt, »komm jetzt.«

»Aber wenigstens nicht Federball«, bettelt Chris, »wenn mich jemand sieht...« Barbara ignoriert ihn und geht zu ihrem Mann in den Garten.

Sie kommt gerade rechtzeitig: Heinz Gubler, ein eher schwammiger, eher unsportlicher, eher unpraktischer und eher cholerischer Mann, kniet vor einem Hering in der Rosenrabatte und schaut zu, wie das Badmintonnetz kurz in einem frechen Herbstlüftchen taumelt und dann unspektakulär und geräuschlos in sich zusammenfällt. Gubler schlägt mit dem Heringshammer wütend auf ein Stöcklein ›Herzogin von Orléans‹ ein, fängt sich aber sofort, als er hinter sich Barbaras glockenreines Lachen hört. »Jetzt hättest du dein Gesicht sehen sollen, Schatz«, strahlt sie, und Gubler rappelt sich hoch und gluckst übermütig mit. Quality Time.

In Gublers Firma hat man auf der Führungsebene vor kurzem Quality Time eingeführt. Nicht als Obligatorium, nur als Anregung. In einer Zeit wie dieser, in der der Manager doppelt gefordert ist, kann er nicht einfach doppelt so viel Ferien nehmen. Aber mehr Quality Time. Zeit ist nämlich, wie alles andere auch, in verschiedenen Qualitäten erhältlich. Und deshalb ist Erholungszeit, wie alles andere auch, nicht in erster Linie ein quantitatives, sondern ein qualitatives Problem. Quality Time hat einen hohen Erholungswert, deshalb braucht man weniger davon. Zum Beispiel genügt schon ein Tag mit der Familie. Rumtoben, Spielen, Aufeinandereingehen, wieder Kind sein. Einmal eine Wurst braten, einfach so, verdammt noch mal. Oder Badminton spielen. Herrgott, warum nicht einmal GEMEINSAM BADMINTON SPIELEN! IM GARTEN!

Als Barbara und Heinz Gubler das Badmintonnetz aufgespannt haben, setzt ein feiner Nieselregen ein. »Uhu!

Jessy, Chris! Beeilt euch, bevor es zu regnen beginnt!«, ruft Barbara mit einem Seitenblick auf Heinz' entschlossene Miene. Als die Kinder endlich in schlampiger Turnkleidung in der Verandatür stehen, ist der Rasen schon ziemlich glitschig. Gubler, der sich mit Barbara in der Zwischenzeit etwas warmgespielt hat, trägt zwei grünbraune Flecken auf der weißen Tennishose.

»Spinnt ihr, im Regen Federball spielen?«, ruft Chris.
»Badminton!«, bellt Gubler.
»Spinnt ihr, im Regen Badminton spielen?«, ruft Jessy.
»Quality Time!«, brüllt Gubler. »Ihr spielt jetzt, oder ich polier' euch die Fresse!«

Pädagoge Schnüriger

Wenn man Alec Schnüriger (6) fragt, was er werden wolle, sagt er wie aus der Pistole geschossen: »General Manager.« Dann lacht Gustav Schnüriger (42, General Manager) stolz, und die, die gefragt haben, lachen mit. Carla Schnüriger schüttelt den Kopf, und Jeno Schnüriger (4) fragt: »Was ist General Manager?«

»Der Höchste«, antwortet dann jeweils Alec, und die Erwachsenen lachen wieder.

Gustav Schnüriger ist ein vielbeschäftigter Mann. Kaum ein Abend, an dem er zum Nachtessen zu Hause ist. Und wenn, dann meistens mit Geschäftsgästen. Kaum ein Wochenende, an dem er nicht entweder unterwegs oder im Büro oder todmüde ist. Er hat also nicht viel Zeit für die Kinder, aber die Zeit, die er ihnen widmet, ist von hoher *Quality*.

Zum Beispiel nimmt er sie manchmal an Wochenenden mit ins Büro. Wie viele Väter tun das? Wie viele Kinder besitzen schon im zarten Alter von vier und sechs eine präzise Vorstellung von dem, was der Vater macht, wenn er nicht zu Hause ist?

Jeno, der Jüngere, interessiert sich mehr für das Handfeste: den Wagenpark, die Verladerampen, die Hubstapler, die Abfüllanlagen. Schnüriger hofft, dass das eine vorübergehende Vorliebe für das Handwerkliche ist. Aber Alec ist fasziniert vom Unternehmerischen. Während Jeno sich bei den Führungen durch das verwaiste Verwaltungsgebäude auf jeden Locher, Bostitch und Büroklammern-Magneten stürzt, bewegen Alec die strukturellen Fragen.

»Ist der Mann, der in diesem Büro arbeitet, höher als die Frau, die im kleinen Büro daneben arbeitet?« Oder: »Wer verdient mehr, der Mann mit dem großen Stuhl mit der hohen Lehne oder der Mann mit dem kleinen Stuhl?«

Alec entwickelt so sehr schnell ein Gespür für Organigramme und Hierarchien, während Jeno lange Zeit nicht vom Berufswunsch ›Bohnermaschinenführer‹ abzubringen ist, seit sie an einem Samstagvormittag in der Disposition einer Putztruppe begegnet sind.

Die Interessen der beiden Sprösslinge treffen sich jeweils in Schnürigers Büro: Alec sitzt im dreifach verstellbaren Chefsessel und trifft Entscheidungen, Jeno bedient die Verstellhebel. Die Stunde oder so, die die beiden mit diesem Spiel beschäftigt sind, nutzt Schnüriger für die Erledigung einiger dringender Pendenzen.

So schafft es Gustav Schnüriger bei aller beruflichen Belastung doch, seinen Söhnen Vater und Identifikationsfigur zu sein. Beiden auf ihre Weise.

Auch an den Abenden, wenn Schnürigers Gäste empfangen, lässt er sie teilhaben. Nie müssen sie ins Bett, bevor nicht alle eingetroffen sind. Die meisten bringen etwas mit für die Kleinen.

Den Thalmanns (er ist Marketingleiter eines bedeutenden Abnehmers von Schnüriger) passiert dabei ein Missgeschick: Sie wissen nicht, dass ihre Gastgeber zwei Söhne haben – Schnüriger hat immer nur den älteren erwähnt –, und bringen nur einen Schoggi-Osterhasen mit. Gustav Schnüriger rettet die Situation: »Das ist doch großartig. Eine richtige Management-Aufgabe. Das passiert dem Papi und dem Herrn Thalmann auch manchmal. Es kommt weniger herein, als du budgetiert hast. Wie löst du das Problem, Alec? Jetzt kannst du mal zeigen, ob du das Zeug zum Manager hast.«

Eine halbe Stunde später kommt Jeno laut weinend ins Esszimmer. »Alec hat mich entlassen«, schluchzt er.

Rohner lässt sich ein

Vreni Rohner verliert nicht so leicht die Nerven. Kann sie auch nicht, mit drei Kindern und Jakob Rohner als Mann. Aber als dieser eines Abends wieder mit den Worten nach Hause kommt: »Ich muss zuerst eine Stunde abschalten, ich hab' momentan irrsinnig viel um die Ohren«, rastet sie kurz aus.

»Momentan, momentan, momentan! Weißt du, seit wann du *momentan* viel um die Ohren hast? Seit 1988, als wir uns kennenlernten!«

Rohner zieht sich beleidigt zurück und versucht abzuschalten. Was ihm natürlich nicht gelingt, nach dieser Szene. Nach einer Stunde geht er in die Küche. Sylvi, Ken und Lilith haben schon gegessen und sind im Pyjama.

»Also, hier bin ich«, sagt Rohner. Die Kinder schauen ihre Mutter an. »Schön«, sagt sie.

Eine volle halbe Stunde gibt er sich intensiv mit den Kleinen ab. Er fragt sie, was sie heute erlebt haben, stemmt jedes einmal in die Luft und zeigt ihnen, wie man den Daumen abschraubt, bis Sylvi die Augen zufallen. Er hilft sogar, sie ins Bett zu bringen.

Später im Wohnzimmer sagt Vreni: »Man kann auch abschalten, indem man mit den Kindern spielt.«

»Tu' ich ja.«

»Nein, du schaltest zuerst ab, und dann beschäftigst du dich mit den Kindern wie ein Onkel, der selten zu Besuch kommt. Du lässt dich nicht ein.«

»Wie meinst du das?«

»Spiel einmal ihre Spiele. Kriech mit ihnen auf dem Boden herum, lass dich auf ihre Welt ein. Du wirst sehen, danach fühlst du dich wie neugeboren.«

Rohner verspricht, gleich morgen damit zu beginnen, sonst kommt er noch lange nicht ins Bett.

Am nächsten Abend erinnert ihn Vreni an sein Versprechen. Seufzend geht er ins Kinderzimmer, kniet sich zwischen seinen verdutzten Nachwuchs und lässt sich auf die Welt ein, die aus Legosteinen, Spielzeugautos, Ponys mit langen Mähnen und einem Teddybären besteht.

»Brrm, brrm«, macht Sylvi, die Jüngste, und schiebt den Teddybären durch einen Parcours aus Legosteinen.

»Auto«, sagt Rohner.

Die Kinder wechseln vielsagende Blicke. »Bär«, korrigiert Sylvi.

»Und was wird das, wenn es fertig ist?«, fragt er Ken und zeigt auf ein Legogebilde.

»Es ist fertig«, antwortet sein Sohn.

Rohner, der vom Background her ein technischer Mensch (Maschineningenieur) ist, muss raten: »Eine Raumstation?«

Ken schüttelt den Kopf. »Zum die Ponys Verbrennen. Wenn sie Rinderwahnsinn haben.«

Lilith, die gerade die Mähne eines Ponys zu Zöpfchen flicht, steht auf und kickt das Legogebilde in Stücke.

Es braucht die ganze pädagogische Erfahrung von Vreni, bis im Kinderzimmer wieder Frieden herrscht. Als die Kinder, viel später als sonst, im Bett sind, stellt Rohner fest, dass er tatsächlich total abgeschaltet hat.

Am nächsten Abend geht er direkt vom Büro ins Kinderzimmer. »Willst du nicht zuerst eine Stunde abschalten?«, ruft ihm Vreni nach.

Eigenbild / Fremdbild

»Schläfst du schon?«

»Natürlich nicht, es ist ja erst halb zwei.«

»Tut mir leid. Ich dachte, du könntest mir bei etwas helfen.«

»Kann das eventuell auch morgen sein?«

»Klar.« Leimgruber legt den Fragebogen, den er mit ins Bett gebracht hat, auf den Nachttisch und löscht das Licht. Er tut das mit einem so enttäuschten Gesichtsausdruck, dass Barbara ihr Leselicht einschaltet und sagt: »Dann gib halt her.«

Er reicht ihr das Blatt. Es trägt den Titel »Selbsteinschätzung/Fremdeinschätzung«.

»Und was soll ich jetzt tun?«

»Die Spalte ausfüllen. Unter ›Fremdeinschätzung‹. Einfach Kreuze machen unter den Zahlen eins bis fünf.«

»Und was bedeuten die Zahlen?«

»Eins heißt: trifft außerordentlich zu. Zwei sehr, drei ziemlich, vier weniger. Und fünf heißt: trifft nicht zu.«

»Und wozu soll das gut sein?«

»Für die Standortanalyse. Wie sehe ich mich, wie sehen mich andere. Das braucht man für das Bewerbungsmanagement. Nachher vergleichen wir.«

Barbara macht sich an die Arbeit. Schon beim ersten

Stichwort überlegt sie lange. »Und es ist egal, wenn es nicht mit deiner Bewertung übereinstimmt?«

»Klar.«

Barbara macht ihr erstes Kreuz.

Sofort beugt sich Leimgruber zu ihr herüber. »Vier?«, fragt er. »Bei ›Planer‹? Das heißt ›trifft weniger zu‹.«

»Ich weiß. Du hast gesagt, es sei egal, wenn es nicht mit deiner Bewertung übereinstimmt.«

»Gewisse Abweichungen, habe ich gemeint. Aber nicht so krass. Ich habe dort eine Eins. Du könntest wenigstens eine Drei geben, für ›trifft ziemlich zu‹.«

»Finde ich aber nicht.«

»Ach ja? Du findest also, ich sei planerisch schwach?«

»Ich finde, du bist ein Chaot.«

»Interessant. Und wie belegst du das, wenn ich fragen darf?«

»Zum Beispiel dadurch, dass du nachts um halb zwei Fragebogen ausfüllst.«

»Warum gibst du mir dann für ›Planung‹ nicht gleich eine Fünf?«

»Stimmt. Warum eigentlich nicht?« Sie radiert das Kreuz unter der Vier aus und setzt eines unter die Fünf.

»Herzlichen Dank!«, zischt Leimgruber.

»Dann füll's doch selber aus und lass mich schlafen.«

»Okay, okay. Nächstes Stichwort.«

Barbara überlegt. »Darf ich fragen, was du dort hast?«

Er schaut auf seinen Bogen. »Wenn ich bei ›Planer‹ eine Eins habe, kann ich bei ›Organisator‹ wohl schlecht davon abweichen.«

»Eben«, sagt Barbara und macht ein Kreuz unter die Fünf.

»Vergiss es, es hat keinen Sinn. In dieser Stimmung kannst du keine objektiven Resultate liefern.«

»Und wie! Oder soll ich einen, der um halb zwei seine Frau weckt, damit sie ihm einen idiotischen Fragebogen ausfüllt, als Organisationsgenie bezeichnen?«

»Weißt du, warum ich das in der Nacht machen muss? Weil ich den ganzen Abend durch mein Scheißfamilienleben von der Arbeit abgehalten werde!«

»Ach ja? Vor dem Scheißfernseher hocken und Scheißfußballspiele schauen bezeichnest du also als deinen Beitrag zum Scheißfamilienleben? Willst du einmal die Scheißfremdeinschätzung davon hören?«

Damit endet fürs Erste die gemeinsame Arbeit an der Eigen-/Fremdbildanalyse in der Familie Leimgruber.

Perlers Sonntagmorgen

Sonntag, neun Uhr elf. Seit sieben Uhr drei liegt Perler wach. Bea schläft noch. Um acht Uhr zwölf hatte er einen Moment geglaubt, sie sei aufgewacht. Er hatte gegähnt, wie jemand, der sich mit aller Kraft gegen das Aufstehen sträubt. Sie hatte »psst« gemacht und weitergeschlafen.

Am Sonntag ist Perler immer als Letzter aus den Federn. Man ist ja kein Roboter. Kein Mensch kann jeden Morgen kurz vor sieben aus dem Bett und hinein in den Sechzehnstundentag. Jedenfalls nicht auf Dauer. Einmal in der Woche auspennen, das ist das mindeste, was man einem Arbeitstier wie Perler zugestehen muss.

Bea murmelt etwas.

»Hmmm?«, macht Perler, wie aus einer tiefen Bewusstlosigkeit.

Bea reagiert nicht. Nicht einmal mit »pssst«. Nur ihre ruhigen, regelmäßigen Atemzüge dringen an sein Ohr.

Das kann übrigens nicht jeder, denkt Perler, einfach abschalten. Bei den meisten arbeitet, denkt, entscheidet es weiter. Das sind dann eben die, bei denen es eines schönen Tages krack! macht. Die werden innerlich aufgefressen, bis nur noch die Hülle übrig ist. Und dann, beim geringsten Anlass: krack!

Weimann ist so einer, denkt Perler. Er könnte wetten, dass Weimanns Regenerationsperformance zu wünschen übriglässt. Das wird ihm eines Tages das Genick brechen. Krack! Jetzt mag er – oberflächlich betrachtet – Perler gegenüber noch im Vorteil sein. Jedenfalls präsenzzeitmäßig. Aber der Mann ist kein Regenerierer, da ist sich Perler sicher. Allein die Vorstellung, Weimann könnte jetzt noch im Bett liegen und die Atemzüge seiner Frau zählen, erscheint ihm grotesk.

Ein Geräusch lenkt Perler von der Regeneration ab. Etwas Rauhes im sanften Atmen von Bea. Könnte es der Ansatz eines Schnarchens sein? Perler wundert sich. Nicht über das Schnarchen an sich, sondern über den Zeitpunkt. Normalerweise passiert Bea das in ihrer Tiefschlafphase. Aber Tiefschlafphase um neun Uhr achtundzwanzig?

Das soll ihm Weimann einmal nachmachen: am Sonntagmorgen um neun Uhr achtundzwanzig in der Falle liegen, neben ihm die Frau in der Tiefschlafphase!

Eines Tages werden das die Reserven sein, die Perler im entscheidenden Moment gegen Weimann wird mobilisieren können. Wenn der sich ausgekotzt hat, wenn Perler ihn durch alle Posten seiner Karriere vor sich hergehetzt hat, wird er ihn auf den letzten Metern überspurten.

Beas Atem geht jetzt wieder ruhig. Perler stellt sich vor, wie er Weimann überspurtet. Er hängt in seinem Windschatten und regeneriert, bis Weimann nachlässt. In diesem Moment spaziert Perler nach vorn. Weimann fällt zurück, hat keine Luft mehr. Krack!, tönt es, weit hinter Perler.

Um zehn Uhr achtzehn deutet alles darauf hin, dass Bea am Aufstehen ist. Aber dann dreht sie sich doch noch einmal um. Erst um zehn Uhr zweiundvierzig quält sie sich endlich aus den Laken.

Perler gähnt dankbar. Er wird nur noch bis elf Uhr zwölf liegen bleiben müssen.

Denn am Sonntag ist Perler immer als Letzter aus den Federn.

Wie sag ich es Anita

Decker kommt ins Wohnzimmer zurück und setzt sich neben Anita aufs Sofa.

»Kann Ian lesen?«, fragt er nach einer Weile.

»Wie kommst du darauf? Ian ist fünf.«

»Er hat mich vorhin gebeten, Licht zu lassen. Er wolle noch lesen.«

»Er nennt es lesen.«

»Ach so.«

Anita zappt durch die Programme. Decker schenkt die beiden Rotweingläser voll. »Schöner Vater«, sagt er, »der nicht einmal weiß, ob sein Jüngster lesen kann.«

»Das kannst du laut sagen«, antwortet Anita, überrascht, dass er es ist, der davon anfängt. Das ist sonst ihr Thema. »Kürzlich hat er mich gefragt, warum er dich nie besuchen darf wie der Christoph seinen Papi. Christophs Eltern sind geschieden.«

Decker ist die Anekdote nicht neu. Aber er erwähnt es nicht. Das Gespräch läuft in die richtige Richtung. Er schüttelt den Kopf und seufzt. »Du hast schon recht, es lässt sich kaum vereinbaren: Karriere und Familie.«

»Wem sagst du das«, antwortet Anita und zappt weiter.

Decker nimmt einen Schluck Wein und vergisst das

Glas in der Hand. »Weißt du, wie lange es her ist, dass ich die Kinder an einem Wochentag wach angetroffen habe?«

»Fünf Wochen. An dem Tag, als du Grippe hattest.«

»Das ist doch nicht normal, so etwas.«

»In deinen Kreisen offenbar schon.«

»In meinen Kreisen!«, stößt Decker verächtlich aus. Das sind neue Töne für Anita. Sie schaltet den Fernseher ab und nimmt auch einen Schluck Wein. »Alles o.k.?«

»Alles o.k.«, bestätigt Decker tapfer. »Es ist nur – manchmal fragt man sich: Wozu das alles? Was nützt einem die Karriere, wenn die Familie darunter leidet?«

Anita braucht nicht zu antworten. Der Satz ist wörtlich aus ihrem Repertoire übernommen.

»Weißt du, was ich wieder einmal möchte?«, fährt Decker nach einer Pause fort. »Drei Wochen ans Meer. Baden, schlafen, essen, lesen, mit den Kindern herumtollen und so weiter.«

Bei »und so weiter« legt Decker den Arm um Anita. »Ich dachte, drei Wochen am Stück liegen nicht drin?«, wundert sie sich.

Jetzt ist der Punkt gekommen, an dem Decker Anita beibringen wird, dass ihm Sager heute eröffnet hat, dass er, Decker, das Synergieopfer ist, das die Regionen-Zusammenlegung in der Regionalverwaltung Ost fordern wird. Er wird es natürlich nicht so formulieren. Er wird sagen, dass die Regionalrestrukturierung ihm endlich die Chance bietet, einen Marschhalt einzulegen und sich neu zu orientieren. Spät, aber wie er hoffe, nicht zu spät, habe er die Notbremse gezogen und die Voraussetzungen geschaffen, die es ihm erlauben, die Prioritäten neu zu setzen.

»Anita, ich habe eine wunderbare Nachricht für uns alle«, hätte sein erster Satz gelautet.

Aber Anita kommt ihm zuvor: »Sag bitte nicht, die haben dich rausgeschmissen!«

Etter an der Basis (1)

Die Bemerkung ist natürlich ironisch gemeint. »Soll in Zukunft ich einkaufen gehen?«, fragt Etter seine Frau, als er spät von der Marketingtagung heimkommt, sich zum Abschalten noch ein Bierchen genehmigen will und keines findet. Vielleicht liegt es daran, dass Sylvia schon geschlafen hat, als er sie fragte: »Irre ich mich, oder gibt es in diesem Haushalt tatsächlich kein einziges Bier?«

Es entspannt sich ein kurzes Gespräch über die Probleme des Hausfrauenberufs, das, wie gesagt, in der Frage »Soll in Zukunft ich einkaufen gehen?« gipfelt. Sylvia beantwortet sie mit einem schlaftrunkenen »Ja«.

Am nächsten Morgen ist Samstag. Etter erscheint spät zum Frühstück und findet Sylvia ebenfalls noch im Pyjama mit der Zeitung bei einer Tasse Kaffee. »Bist du krank?«, fragt er.

»Nein«, antwortet sie, »ich genieße einfach den freien Tag. Die Einkäufe machst ja jetzt du.«

Er ahnt, dass Sylvia gestern Nacht im Halbschlaf die Ironie seiner Bemerkung entgangen sein muss. Wie gründlich wird ihm aber erst klar, als sie ihm einen Einkaufszettel über den Frühstückstisch schiebt.

Etter nimmt die Herausforderung an. Wenn seine Frau der Meinung ist, es sei einem zu hundertfünfzig Prozent ausgelasteten, hochspezialisierten Turnaround-Manager tatsächlich zuzumuten, in seiner spärlich bemessenen Freizeit auch noch den Hausmann zu spielen, dann bitte sehr. Er trinkt seinen Kaffee, macht seine Morgentoilette und zieht sich an. Er entscheidet sich für einen seiner Business-Anzüge und eine Krawatte ohne Freizeitmotiv. Die Leute sollen nur sehen, dass hier einer, der normalerweise bedeutendere Aufgaben zu bewältigen hat, sich nicht zu schade ist, auch einmal in die Niederungen der täglichen Verrichtungen hinabzusteigen. Er überträgt die Positionen des Einkaufszettels auf seinen Laptop und speichert sie auf dem Palm. Gerade für die Erledigung der banaleren Dinge sollte man nicht auf zeitgemäße Tools verzichten. Er verabschiedet sich betont vorwurfslos von Sylvia und fährt los.

Die erste Schwierigkeit überwindet Etter souverän: Die Einkaufswagen im Supermarkt sind aneinandergekettet und noch nicht für den bargeldlosen Zahlungsverkehr eingerichtet. Anstatt zu versuchen, seinen Hundertdollarschein, den er für Notfälle bei sich trägt, zum Tageskurs in Schweizer Franken zu wechseln, entscheidet er sich für einen nicht angeketteten Tragekorb. Damit mischt er sich unter die Freizeitlooks und Artikel des täglichen Bedarfs, fest entschlossen, diese praktische Erfahrung an der Konsumbasis zur Erweiterung seines großen Marketing-Know-hows einzusetzen.

Etter an der Basis (II)

Etter ist an diesem Samstag im Supermarkt der einzige Kunde im Business-Anzug. Auch der einzige, der mangels Kleingeld ohne Einkaufswagen unterwegs ist. In der linken Armbeuge hängt sein Tragekorb, in der Rechten hält er den Eingabestift, in der Linken seinen Palm mit der Einkaufsliste. So streift er suchend durch die Regale. Vielleicht hätte er Sylvias handgeschriebenen Einkaufszettel, nachdem er ihn in den Computer übertragen hatte, nicht alphabetisch sortieren sollen. So kamen »300 g Bündnerfl. mittelf. geschn.« zwischen »2 kg Orangen« und »4 Rollen Haushaltpapier« zu stehen. Eine Logik, der die Rayons des Supermarktes genauso wenig folgten wie der unmittelbaren Nachbarschaft von »6 Bier« mit »Blumenkohl, wenn mögl. bio!«

Etter ist gezwungen, deduktiv vorzugehen: Er schlendert an den Regalen, Schütten und Kühltruhen vorbei und sucht das Warenangebot auf Übereinstimmungen mit seinem Palm ab. Immer, wenn er auf eine Kongruenz stößt, legt er sie in den Korb und hakt sie mit dem Eingabestift auf der Einkaufsliste als erledigte Aufgabe ab. Worauf sie mit einem trockenen Klicken vom Bildschirm verschwindet.

Aber während im Business-Alltag jedes Klicken einer erledigten Pendenz eine Erleichterung darstellt, bedeutet es hier an der Konsumfront eher eine Belastung. Bald wird er, in der Linken den Palm, in der Rechten den Eingabestift und in beiden Armbeugen einen Tragekorb, zum Verkehrshindernis zwischen den Regalen. Aber Etter lässt sich nicht aus dem Konzept bringen, notiert sich sogar Stichworte zum Konsumverhalten der ihm etwas fremden Spezies Endverbraucher. Zur Vertiefung des Marketing-Know-hows.

Die Einführung der Selbstbedienung im Offenverkauf von Obst und Gemüse ist eine Entwicklung, die an Etter vorbeigegangen ist. Er füllt die letzten Winkel seiner beiden Körbe mit einem spontanen Potpourri aus Obst und Gemüse. Sylvia soll ruhig sehen, dass die Aufgabe nicht nur eine lästige Pflicht, sondern auch eine kreative Herausforderung darstellt.

An der Kasse studiert er mit einer Mischung aus Interesse und Amüsement die Einkäufe der Mitwartenden. Als er nach gestoppten 16 Minuten an die Reihe kommt, legt er nicht ohne Stolz den Inhalt seiner beiden Körbe aufs Laufband. Erst jetzt wird ihm klar, dass auch die Entwicklung des Selbstwiegens an ihm vorbeigegangen ist. Hinter ihm wächst die Unruhe, während die gereizte Kassiererin Stück um Stück seines Potpourris an der nächsten Waage wiegt.

Als er sich zum Schluss auch noch höflich erkundigt, welche der Major Credit Cards das Haus akzeptiere, sagt hinter ihm eine dicke Frau im violetten Jogginganzug: »Wahrscheinlich wieder irgend so ein Verwaltungsrat.«

Der traurige Sonntag

Die Wiesen sind blumengesprenkelt bis an den Waldrand, und die Schlüsselblümchen drängen sich in den Sonnenflecken unter den Buchen. Eine kleine Familie döst im Schatten eines blühenden Apfelbaums auf karierten Autodecken. Ab und zu trägt der laue Maiwind ein Kinderlachen über die Lichtung bis hin zum Waldlehrpfad. Dort geht einsam und tief in Gedanken ein Mann.

Das leichte, sportliche Veston hat er ausgezogen und über die linke Schulter geworfen. Er ist gut Mitte fünfzig, sein Haar ist grau, aber noch voll. Er könnte ein erfolgreicher Manager auf einem Regenerationsspaziergang sein. Aber warum so einsam? Und warum so bedrückt?

»Ich muss ein paar Stunden allein sein, Schatz«, hat er zu seiner Frau gesagt.

»Ist etwas?«, hat sie ihn besorgt gefragt.

»Ach...«, hat er geantwortet. Dann hat er abgewunken und ist mit einem tapferen Lächeln hinausgegangen in den prächtigen Frühlingssonntag, hat sich in den BMW gesetzt und ist losgefahren.

Fast 35 Jahre in der Firma, weiß Gott nicht immer leichte Jahre, und jetzt das. Gut, vielleicht ließ die Performance hie und da etwas zu wünschen übrig. Aber wessen Performance nicht? Kann man in 35 Jahren nicht seine Ups and Downs haben wie jeder andere Kadermann? Kann man einem einen Strick daraus drehen, wenn nach bald zehn Jahren auf dem Stumpengleis die Motivation ab und an nicht mehr die gleiche ist wie am Anfang, als die Welt noch jung war und die Karriereleiter nach oben offen wie die Richterskala?

Der Waldlehrpfad kreuzt den Vita-Parcours. An einem Posten absolviert ein Pärchen in schrillen Jogginganzügen gehorsam die vorgeschriebenen Übungen. Dem einsamen Wanderer gibt es einen Stich. Vielleicht hat auch irgendwo schon jemand entschieden, dass sie die Zukunft, für die sie sich fit halten, gar nicht haben.

Hoch in den Wipfeln singt eine Amsel, und in den Wiesenblüten am Waldrand summen die Bienen. Aber der verlassene Spaziergänger ist blind und taub für den Zauber dieses Blustsonntags. Sein Herz ist schwer von der Undankbarkeit der Welt. Ist denn die Geschäftsräson das oberste Prinzip? Muss denn das menschliche Element immer erst in zweiter Linie in Rechnung gezogen werden? Darf denn ein Mann, der einem Unternehmen während seiner besten Jahre sein Bestes gegeben hat, acht Jahre vor seiner Pensionierung entlassen werden? Auch wenn sein Bestes, das sei zugegeben, nicht immer gut genug war. Auch wenn die Strukturbereinigung, daran gibt's nichts zu rütteln, die Funktion, die er innehat, überflüssig macht.

Wie kann man einen Mann ohne Hoffnung auf eine gleichwertige Stellung nach fast 35 Jahren Firmentreue zu sich bestellen und sagen: Das war's, Dörig, wir brauchen dich nicht mehr, *so long*?

Eine Gruppe Mountainbiker überholt ihn. Noch lange hört er ihr unbeschwertes Lachen durch das Unterholz. Woher diese Fröhlichkeit, denkt er. Und wohin? Ahnen die denn nichts von der Unbarmherzigkeit dieser Welt? Lassen die sich dermaßen täuschen vom dünnen Blütenschleier, mit dem sie ihr wahres Antlitz verhüllt?

So streift er trübsinnig durchs Naherholungsgebiet, bis die Schatten länger werden. Als er endlich zurückkommt zum Parkplatz, sind alle andern Autos verschwunden. Und wie er da so seinen BMW stehen sieht, allein und verlassen, da verschwimmt ihm das Bild für einen Moment in zwei Tränen.

So geläutert, bestellt er Dörig gleich am Montagmorgen zu sich und entlässt ihn.

Gedankenaustausch

Biber und Diem stehen an der Bar des Ochsen vor ihren Camparis. Es ist kurz nach fünf, früh für die Ochsen-Bar. Das Treffen dient dem Zweck, ihre Beziehung über das rein Berufliche hinaus auf das Private zu erweitern. Da arbeitet man zusammen und hat keine Ahnung, was für ein Mensch der andere ist, was ihn beschäftigt, was er denkt, was ihn bewegt.

Denn nur wer neugierig ist auf den andern, wer den persönlichen Dialog sucht, lernt seine Mitmenschen kennen.

»Ich war kürzlich beim Elternabend unserer Jüngsten«, beginnt Diem. »Was glauben Sie, was mir da passiert ist...«

»Ich bin früher auch oft zu Elternabenden gegangen, bis mir Lea, das ist unsere Mittlere, gesagt hat: ›Papi...‹«

»Ich versuche zu jedem Elternabend zu gehen, sofern es der Job zulässt. Ich finde, dass man dabei...«

»Ich mache in letzter Zeit wieder Sechzigstundenwochen. Im letzten Quartal...«

»Ich kann mich nicht erinnern, wann ich das letzte Wochenende freihatte. Meine Frau...«

»Ich habe gerade kürzlich, wann war das? Letzte Woche? Oder die Woche davor? Nein, eher letzte. Ist ja egal. Jedenfalls habe ich zu meiner Frau gesagt...«

»Ich bin heute mit dem Wagen meiner Frau unterwegs. Meiner ist in der Werkstatt. Auf dem Weg ins Büro ist mir an der Kreuzung Müllerstraße – wissen Sie, wo die ist?«

»Ich habe meiner Frau jetzt einen mit automatischer Schaltung gekauft. Ich finde, für eine Frau...«

»Ich hatte in den letzten Ferien einen mit automatischer Schaltung gemietet. Was mich am meisten gestört hat...«

»Ich habe letztes Jahr zum ersten Mal Clubferien gemacht. Klingt schrecklich, aber ich muss sagen, mit den Kindern...«

»Ich habe dieses Jahr am Roten Meer gebucht. Jetzt hoffe ich nur, Bush...«

»Ich hatte einen sehr guten Tauchlehrer im Club. Überhaupt, die Animationen, die sie so boten. Zum Beispiel war immer um vierzehn Uhr...«

»Ich darf nicht tauchen, ich habe ja im linken Ohr diese...«

»Ich habe ein Knie, das sich manchmal ausrenkt, wenn ich eine falsche Bewegung mache. Hier, an dieser Stelle...«

»Ich habe hier manchmal so ein Stechen...«

»Ich kenne einen Rheumatologen...«

»Ich...«

»Ich...«

»Pardon. Sie wollten etwas sagen.«

»Ich glaube, ich nehme noch...«

»Ich auch.«

Fern der Heimat

Als Belmann in London landet, atmet er auf: Es regnet. Beim Taxistand steht eine Schlange, gerade lang genug, um ihn etwas frösteln und sich auf das überheizte Taxi freuen zu lassen.

Schon von weitem erkennt er das Gremlin. Er hatte den Prospekt genau studiert, bevor er Frau Sengler gesagt hat: »Ach ja, und reservieren Sie mir doch bitte etwas, nicht zu abgelegen und einigermaßen beheizt – dieses Gremlin soll mehr oder weniger in Ordnung sein, hab ich gehört.«

Die Türsteher tragen mitternachtsblaue Uniformen mit etwas Gold, aber nicht zu viel. Die Lobby ist warm, und ihre Geräusche sind von dicken Teppichen gedämpft. Die Rezeptionistin ist eine schöne Asiatin, die auf ihn gewartet zu haben scheint. Der Meldezettel ist bis auf seine Unterschrift ausgefüllt. Die Rezeptionistin wünscht ihm *a pleasant stay.*

Das Zimmer ist dann allerdings eine Enttäuschung: Es besitzt keine Badewanne. Es ist zwar geräumig und im zweiten Stock gelegen, es verfügt über eine einladende Sitzgruppe und ein französisches Doppelbett. Aber nur Dusche.

Belmann geht noch einmal hinunter zur Rezeption

und lässt sich von der verständnisvollen Rezeptionistin ein anderes Zimmer geben. Den kleinen Aufpreis nimmt er gerne in Kauf.

Dann richtet er sich ein. Er nimmt den zweiten Anzug aus dem Kleidersack und hängt ihn an einen der schweren Holzbügel im geräumigen Schrank. Er legt Socken und Unterwäsche in eine Kommodenschublade, die Hemden in eine andere, er hängt die Krawatten in die Schranktür und stellt das zweite Paar Schuhe auf das Schuhgestell im Schrankfuß. Danach geht er ins Badezimmer und reiht den Inhalt seines Necessaires fein säuberlich auf das Glasregal unter dem Spiegel.

Belmann zieht sich aus und hängt seine Sachen sorgfältig an den stummen Diener. An einem Bügel im Badezimmer wartet ein kuscheliger mitternachtsblauer Frotteemantel mit der goldenen Aufschrift »The Gremlin«. Den zieht er sich an. Er schlüpft in die Frotteepantoffeln in der gleichen Farbe und mit dem gleichen Schriftzug und geht zur Minibar. Er gießt sich einen Glenfiddich ein und setzt sich in den bequemsten Sessel der Sitzgruppe.

Draußen fällt ein gleichmäßiger Londoner Regen. Der Single Malt riecht nach Torffeuer und Eichenholz. Belmann lässt sich viel Zeit für den ersten Schluck.

Gelegentlich wird er sich ein Bad einlaufen lassen. Und im heißen Wasser wird er die Karte des Room Service studieren und sich entscheiden, ob er sich etwas aufs Zimmer kommen lässt oder lieber ins Restaurant runtergeht. Und falls, ob er sich für Old English oder New Asian entscheidet. Im Zimmer wäre es gemütlicher. Aber die Bar sah auch sehr gemütlich aus. Und Belmann liebt englische Barmen. Und morgen kann er ja etwas ausschlafen. Das Meeting ist erst um zehn. Die Leute von Smith & Colbert glauben, er komme mit der Morgenmaschine.

Irgendwann nach dem Bad und vor der Bar erinnert sich Belmann an den traditionellen Anruf bei seiner Frau.

»Wie geht's dir, Schatz?«, fragt sie.

»Beschissen«, seufzt er, »schon wieder eine Nacht in einem dieser seelenlosen Business-Hotels.«

Brühwilers Intimsphäre

Gustav Brühwiler liegt in der Badewanne. Er hat das Wasser großzügig mit Lavendelmilch versetzt, sie sei »entspannend und harmonisierend«, steht auf der Flasche. Kein Luxus für einen, der wie Brühwiler Tag und Nacht in den Sielen liegt, um ein angesehenes mittleres Unternehmen im tiefen Geläuf der Konjunkturflaute auf Trab zu halten.

Es ist Sonntag, die Kinder sind irgendwo, er hat es sich nicht gemerkt, seine Frau Sophie betreibt gerade eine ihrer ständig wechselnden Sportarten, eventuell Walking, jedenfalls kommt sie nicht vor Mittag zurück, so viel hat er behalten.

Er genießt die Schwerelosigkeit seines Körpers, ein Zustand, der normalerweise nicht seinem Körperbau entspricht. Durch die halbgeschlossenen Augen sieht er die Umrisse seines weißen Leibs im milchigen Wasser verschwimmen.

Vielleicht ist es das Körperliche der Situation, das Brühwiler an Frau Dettling denken lässt, Frau Federmanns neue Assistentin. Sie hat von Anfang an sein Interesse geweckt. Vor allem das an der Tätowierung, die links und rechts ihres modisch freien Bauchnabels beginnt, im Bund verschwindet und – wie weiter verläuft?

Vielleicht täuscht er sich, aber Frau Dettling hat ihm bei ihrer ersten gemeinsamen Liftfahrt den Eindruck vermittelt, als hätte sie nichts dagegen, die Frage gelegentlich zu erläutern, zumindest theoretisch.

Vielleicht sollte er gleich am Montag einen Vorstoß unternehmen, denkt er, öffnet mit dem großen Zeh den Wasserhahn und füllt heißes Wasser nach. Er könnte sie unter einem Vorwand ins Büro bestellen und zu einem Drink einladen und dann fragen, ob sie schon einmal in der eigenen Stadt im Hotel übernachtet habe.

Aus der Perspektive seiner Badewanne voll neununddreißig Grad heißem Lavendelmilchwasser scheint der Plan so machbar, dass Brühwiler sich bald auf die Details nach der erfolgreichen Durchführung konzentriert. Aber genau an der Stelle, wo Frau Dettling und er unauffällig auf den Hotellift zusteuern, wird er aus seinem Badewannentraum gerissen. Was, wenn sich ein Paparazzo an seine Fersen geheftet hat und ihn knipst, in der Linken den Zimmerschlüssel, in der Rechten Frau Dettlings bauchfreie Taille?

Brühwiler angelt sich die Dusche und spült sich das Shampoo vom schütteren Haar. Er ist immerhin Direktor eines mittleren Industriebetriebs und nicht unwichtigen Arbeitgebers der Region. Und damit auch irgendwie eine öffentliche Person. Fällt seine fiktive Erforschung von Frau Dettlings Tattoo noch in den Bereich der Privatsphäre? Und falls ja, hat er sich die Respektierung derselben durch die Medien nicht vielleicht schon durch den geplanten öffentlichen Auftritt verscherzt?

Brühwiler stemmt sich aus der Badewanne und trocknet sich ab. Soll er auf den Drink mit Frau Dettling verzichten?

Oder doch lieber sein Foto aus dem Presseversand an die *Technische Rundschau* entfernen lassen.

Ein Mann am Ziel

»Seit Erichs letzter Beförderung ist er plötzlich viel mehr zu Hause«, sagt Ruth Zumbühl und tunkt ihr Sushi in die Soja-Wasabi-Mischung. Caroline Mayer kann nicht antworten. Die Alge, in die ihr letztes Norimaki Sushi gewickelt war, ist etwas zäh.

»Es ist«, fährt Ruth Zumbühl fort, »als ob er endlich das erreicht hätte, was er immer wollte, und jetzt das Leben genieße.« Sie steckt das Häppchen aus Reis und rohem Thunfisch in den Mund, als ob sie schon immer mit Essstäbchen gegessen hätte.

Caroline Mayer spült das zähe Nori mit etwas japanischem Mineralwasser runter. »Wie schön«, gelingt es ihr zu antworten.

»Früher musste ich froh sein, wenn er um zehn Uhr abends auftauchte. Jetzt steht er oft schon vor sechs in der Küche und fragt, ob er etwas helfen könne.«

»In der Küche?«, staunt Caroline Mayer. Sie versucht, mit den Essstäbchen ein Scheibchen Ingwer aus einem hauchdünnen Porzellanschälchen zu fischen.

»Ach, das habe ich dir noch gar nicht erzählt: Erich hat das Kochen entdeckt.«

»Und deine Frau Méndez?«

»Räumt auf. Du weißt ja, wie Männer die Küche hinterlassen.«

Caroline Mayer weiß das nicht. Aber sie nickt.

»Wir unternehmen jetzt auch Dinge an den Wochenenden. Ausflüge, Wanderungen. Kürzlich waren wir auf der Rigi.«

Caroline Mayer hat jetzt wieder den Mund voll. Sie kann ihre Überraschung nur dadurch ausdrücken, dass sie die Augen weit aufreißt.

»›Jetzt bin ich bald fünfzig und war noch nie auf der Rigi‹, hat er an einem Sonntagmorgen um halb acht gesagt. Und los ging's. Er, der früher den halben Sonntag im Bett lag.«

Caroline Mayer verzieht das Gesicht. Sie hat die Schärfe des eingelegten Ingwers unterschätzt. Oder war es das Wasabi?

»Nur schade, dass das Wetter nicht besser war. Man sah keine zehn Meter weit. Das nächste Mal will er vorher anrufen.«

»Ihr geht jetzt öfter auf die Rigi?« Caroline Mayer hat jetzt runtergeschluckt.

»Nicht nur. Auch an andere Orte. Verkehrsmuseum, Technorama, Ballenberg, Suisse Miniature. Ich glaube, er will alles nachholen, was er verpasst hat. Wollen wir so ein japanisches Bier teilen?«

Caroline Mayer hätte eigentlich lieber ein ganzes gehabt. Aber sie nickt.

»Früher sah er die Kinder kaum, weil er nie nach Hause kam. Jetzt ist er fast mehr daheim als die Kinder.«

Ruth Zumbühl prostet Caroline Mayer mit ihrem halben Bier zu. »›Der Fisch muss schwimmen‹, sagt Erich immer.«

»Auf den Sonntagsausflügen?«

Ruth Zumbühl nickt. Caroline Mayer bestellt noch ein japanisches Bier.

Als an diesem Abend Jürg Mayer kurz vor Mitternacht ins Schlafzimmer schleicht, murmelt seine Frau: »Wirst du demnächst befördert?«

»Sieht nicht so aus«, antwortet er zerknirscht.

Jürg Mayer kann lange nicht einschlafen. Ihm ist, als habe Caroline »Gott sei Dank« gerufen.

Sorgen um die Zukunft

»Und? Wie fühlst du dich?«

»Ach, wie immer in diesen Tagen: etwas mulmig.«

»Verständlich.«

»Je näher es rückt, desto nervöser wird man.«

»Jetzt ist es ja dann bald raus. Wenn du weißt, womit du es zu tun hast, kannst du dich auch darauf einstellen.«

»Ach, ich weiß nicht. Die Ungewissheit ist schon schlimm, aber die Gewissheit ist meistens auch kein Zuckerschlecken.«

»Hast du wirklich keine Ahnung?«

»Keinen blassen Schimmer. Aber ich rechne mit dem Schlimmsten.«

»Schlimmer als damals mit den Ehewochenenden kann es ja nicht werden.«

»Ehewochenenden?«

»Als er jedes Wochenende, in dem die Zahl acht vorkam, total auf dich einging.«

»Die Togetherness-Weekends. Zweitausendundzwei. Neun Wochenenden mit acht! Vier davon Wellness im Schwarzwald!«

»Mit Partnermassage!«

»Hör auf!«

»Pardon.«

»Das war gar nichts gegen die Gourmet-Saturdays.«

»Als er gekocht hat?«

»Jeden sechsten Samstag. Weißt du, wie viele das sind im Jahr?«

»Bestimmt mehr, als man denkt.«

»Acht! Acht Mal im Jahr: ›Haben wir eine gusseiserne Pfanne mit gutschließendem Deckel?‹, ›Wieso haben wir keine Spicknadel?‹, ›Womit streicht man einen Teelöffel Salz?‹, ›Was ist ein Schaumlöffel?‹, ›Wo sind die Teller, Tassen, Schüsseln, Pfannen, Messer, Gabeln?‹ Acht Mal im Jahr bis weit nach Mitternacht versuchen, mit verschiedenen Umweltgiften die Küche wieder halbwegs sauber zu kriegen.«

»Und dann musstest du das Zeug ja auch noch essen.«

»Und loben!«

»Relax. Schlimmer kann es nicht werden.«

»Das dachte ich damals auch. Und dann kam das Work-Life-Balance-Jahr.«

»Ach ja, das war, als er manchmal nicht so spät nach Hause kam.«

»Unangemeldet! Da sitzt du gemütlich mit den Kindern vor dem Fernseher und isst eine Fertigpizza, und wer kommt nach Hause und ruft schon im Korridor: ›Mmmmh, wie das duftet!‹«

»Auch nicht einfach.«

»Und er kam mit in die Ferien! Nicht wie sonst, später kommen, früher abreisen und dazwischen am Handy hängen: richtig gemeinsam anreisen, Sandburgen bauen und Ausflüge in die Umgebung organisieren.«

»Ich würde durchdrehen.«

»Was glaubst du, woher Katja ihre Essstörungen hat?«

»Ich dachte, die stammen vom Quality Time-Jahr. Als er mit den Kindern Aufgaben machte und Aufklärungsgespräche führte.«

»So genau lässt sich das bei Katja nicht festmachen, sagt der Psychologe, das Quality Time-Jahr folgte ja direkt auf das Work-Life-Balance-Jahr. Nicht wie bei Luca. Der hat seine Übergewichtsprobleme eindeutig vom Family-Fitness-Jahr.«

»Das war damals, als die ganze Familie jeden Morgen um sechs Uhr…«

»Erinnere mich bitte nicht daran. Sei froh, dass deiner raucht.«

»Wieso?«

»Dann weißt du wenigstens jedes Mal, was er sich für das neue Jahr vornimmt.«

Fit- & Wellness

Alemann hält sich fit

Alemann hat den Boden seines Arbeitszimmers mit seinem persönlichen Briefpapier ausgelegt, Schuhe und Socken ausgezogen, die Füße in einem Becken mit lauwarmem Wasser benetzt und geht jetzt mit lockerem Laufschritt über die A4-Blätter. Dann trocknet er die Füße sorgfältig und studiert die Fußabdrücke. Falls der Mittelteil sehr schmal ist, würde das für einen hohen Rist sprechen, was bedeuten würde, dass er zur Supination neigt und daher bei der Schuhwahl auf Dämpfung achten muss.

Die Abdrücke sehen aber eher aus wie ein fußförmiger Fleck mit einer kaum sichtbaren Innenkurve. Was natürlich nicht sein kann, weil das ja bedeuten würde, dass er – haha – zur Überpronation neigen würde, also einen niedrigen Rist, also Plattfüße und einen Entengang hätte. Wahrscheinlich ist sein persönliches Briefpapier zu saugfähig und verfälscht so die Silhouette seines Fußes.

Alemann entscheidet, dass er ein normaler Pronator ist. Er wird aber bei der Schuhwahl dennoch besonderes Augenmerk auf die Zwischensohle und deren Fähigkeit, die Stöße abzufedern, richten. Immerhin sprechen wir von Belastungen bis zum fünffachen Körpergewicht. Eine Zahl, die Alemann lieber nicht ausrechnet.

Er entscheidet sich für den Adidas A3 Ultra Ride in Schwarz/Blau. Namentlich wegen dessen einzigartigem Energieeffizienz-System, dessen Atmungsfähigkeit, Schnelltrocknung und Sicherheit (dank lichtreflektierender Einsätze). Alemann hat nämlich vor, auch vor Sonnenaufgang und bei jeder Witterung zu trainieren.

Und da er auch sonst nicht im Sinn hat, sich zu schonen, kommt auf dem Gebiet der Unterwäsche nichts anderes als schweißtransportierende von Asics in Frage.

Bei der Wahl der atmungsaktiven, wind- und wasserabweisenden Laufbekleidung gewichtet er die Kriterien »Leichtigkeit« und »Sicherheit« gleich hoch und kommt dadurch rasch auf die Clima-Fit Ultra Light-Up-Jacke Nike in Gelb mit batteriebetriebener Fiber-Optik-Beleuchtung, vorn und hinten. Bei der Beinbekleidung schwankt er zwischen den strumpfhosenähnlichen Swift Running Tights und den Therma-Fit-Hosen, entscheidet sich aber schließlich für Letztere. Die Tights wird er sich anschaffen, wenn das Training schon etwas Wirkung gezeigt hat.

Damit kommt Alemann zu den Entscheidungen im Elektronikbereich. Beinahe hätte er sich für ein Polar-Herzfrequenzmessgerät entschieden, das ihm ein effizientes Erreichen der persönlichen Trainingsziele ermöglicht hätte, lässt sich dann aber doch noch von den Vorteilen des Microsport-Speedometers überzeugen, der Herzfrequenzmesser und Tachometer in einem Produkt vereint. Das Gerät berechnet nicht nur die aktuelle Laufgeschwindigkeit (damit Alemann weiß, wann er zu schnell wird) und die zurückgelegte Strecke (damit Alemann weiß, wann er den Rückweg antreten muss), sondern er meldet auf Knopfdruck auch den Kalorienverbrauch. Nicht ganz unwichtig.

Bei der Evaluation der Navigationslösung tut sich Alemann etwas schwer. Soll er seinen PDA durch eine GPS Option erweitern, sich ein GPS-Handy anschaffen oder am noch freien Handgelenk den Garmin Forerunner tragen? Er entscheidet sich für die Handylösung und verbindet so Erreich- und Ortbarkeit auf ideale Weise.

In den nächsten Tagen wird sich Alemann der Musikfrage zuwenden, wird Qualität versus Gewicht abwägen und sich vermutlich für kompakt entscheiden. Und in den nächsten Wochen wird er sich intensiv mit seiner Plattensammlung befassen, motivierende Sampler verschiedener Laufdauer zusammenstellen, digitalisieren und als mp3s formatieren.

Aber schon jetzt fühlt sich Alemann wie neugeboren.

Kopf frei

Erler ist am Anschlag. Seit drei, nein, vier oder sogar fünf Jahren keine Ferien. Oder nicht das, was er unter Ferien versteht: das totale Abschalten, ohne in der Nacht aufzuschrecken, weil er denkt, er habe den Wecker überhört. Ohne – aber wirklich nur im äußersten Notfall – auf dem Handy erreichbar zu sein und dann selber zweimal am Tag im Büro anzurufen. Und ohne drei Tage früher abzureisen, nachdem er schon drei Tage später angereist war.

Erler kann sich nicht erinnern, wann er das letzte Mal nichts getan hat. Einfach da gewesen war und sich hatte treiben lassen. Nicht getrieben wurde, bestimmt von einer Agenda, über die er längst die Hoheit verloren hat. Hier ein Meeting abkürzen, weil das nächste schon begonnen haben müsste. Dort einen halbstündigen Termin in die Viertelstunde quetschen, die eigentlich zur Vorbereitung des nächsten reserviert war.

Nicht einmal an einen Abend kann er sich erinnern, an dem er nicht entweder geschäftlich engagiert oder privat verspätet war. Von Wochenenden, in die er keine Arbeit mitgenommen hat, ganz zu schweigen.

Ein paar Jahre kann das einer vielleicht durchstehen. Und einer wie Erler vielleicht noch ein paar Jahre mehr. Aber irgendwann ist Schluss. Und irgendwann ist jetzt.

Erler wird ab sofort joggen. Einfach, um den Kopf frei zu bekommen. Hat er irgendwo gelesen. Es geht darum, den Körper so zu fordern, dass er die ganze Aufmerksamkeit seines Besitzers in Anspruch nimmt. Nur noch das Rasen des Pulses, das Pumpen der Lunge und das Übersäuern der Oberschenkel. Da ist kein Raum mehr im Kopf für Quartalsabschlüsse und Marketingplattformen, nur noch für Anfeuerungsrufe und Durchhalteparolen.

Am ersten Joggingtag klingelt der Wecker um fünf, anders ist diese zusätzliche Belastung seiner Agenda nicht zu verkraften. Seine Frau murmelt etwas, das wie »endgültig übergeschnappt?« klingt. Erler trinkt ein isotonisches Getränk und verlässt das Haus. Bereits im Garten schlägt er einen lockeren Laufschritt an.

Schon auf der Höhe der Garageneinfahrt von Grütners machen sich die ersten Symptome der Fokussierung auf das Körperliche bemerkbar. Nach fünfhundert Metern beschließt sein Körper, den Parcours abzukürzen. Wenig später schleppt sich Erler wie ausgekotzt die Stufen zum Hauseingang hinauf.

Und tatsächlich, als er, schwer auf das Waschbecken aufgestützt, vor dem Badezimmerspiegel langsam wieder zu Atem kommt, stellt sich das ersehnte Gefühl ein: Der Kopf ist frei. Kein Termin, keine Pendenz, keine Überfälligkeit, nichts.

Aber was stattdessen?

Erler beschließt, mit Joggen aufzuhören.

Ein philosophischer Showdown

Donnerstagabend in den Fitness-Facilities für obere Kader. Auf den beiden Laufbändern legen Effringer und Schatzmann ihre zwei Kilometer zurück. Aus den Lautsprechern rieselt Meditationsmusik.

»Wie im richtigen Leben«, sagt Effringer unvermittelt.

Schatzmann braucht einen Moment, um zu realisieren, dass Effringer mit ihm redet. Sie haben sich normalerweise nicht viel zu sagen. »Bitte?«

»Wie im richtigen Leben: Man marschiert und marschiert und kommt nicht von der Stelle.«

»Ach so, ja, das. Geht es Ihnen auch manchmal so?«

»In letzter Zeit immer öfter. Kaum hat man das Problem hinter sich gelassen, taucht es wieder vor einem auf. Wie dieser Fleck auf dem Rollband.«

Schatzmann versucht hinüberzuschauen, ohne aus dem Tritt zu kommen. Effringer deutet auf etwas vor seinen Füßen und sagt: »Da! Und weg! Und da! Und weg! Und da! Und weg! Und da!«

»Ich sehe, was Sie meinen. Schönes Bild. Kaum weg und schon wieder da.« Schatzmann sieht jetzt auch auf seinem Band einen Fleck, der kommt und geht, kommt und geht.

Beide traben weiter, jeder in das stete Kommen und Gehen seines Flecks vertieft.

Effringer ist es, der den Faden wieder aufnimmt. »Vielleicht«, sinniert er, »vielleicht ist das der Sinn des Ganzen: uns auf Trab zu halten, damit wir nicht zum Nachdenken kommen über den Sinn des Ganzen. Das Problem ist die Lösung.«

»Der Weg ist das Ziel«, ergänzt Schatzmann, um auch etwas Tiefschürfendes zu sagen.

»Sagt der Goldhamster im Rad«, versetzt Effringer mit einem bitteren Lachen.

Schatzmann ist sich nicht sicher, ob die Bemerkung auf ihn gemünzt ist. Schweigend traben sie weiter.

Jetzt beschleunigen die Programme die beiden Laufbänder zu einem Laufschritt-Intervall. Das verlangt die ganze Konzentration von Effringer und Schatzmann. Die beiden Flecken kommengehenkommengehenkommen.

Als das Intervall vorbei ist, keucht Effringer: »Und wie im richtigen Leben sind nicht wir es, die das Tempo bestimmen. Wir müssen zusehen, dass wir es halten können.«

Schatzmann führt den Gedanken weiter. »Und doch – bliebe man stehen, würde man zurückgeworfen. Wie im richtigen Leben. Wir haben keine Wahl, als fortzuschreiten. Fortschreiten ist unsere einzige Chance, wenigstens am Fleck zu bleiben.«

Schatzmann will die Theorie mit einem Experiment erhärten. Kurz stehen bleiben, für Sekundenbruchteile aus Effringers Gesichtsfeld verschwinden und im letzten Moment wieder zu ihm aufschließen.

Effringer, der die philosophisch-sportliche Oberhand behalten will, hat die gleiche Idee. Er bleibt in derselben Sekunde stehen.

Just in diesem Augenblick schaltet die höhere Gewalt der Elektronik auf Laufschritt. Schatzmann und Effringer werden rücklings vom Laufband katapultiert.

Beide erleiden im Steißbeinbereich einen komplizierten Karriereknick.

Neues von der Leistungsgrenze

»Haug? In Katmandu?«
»Nicht in Katmandu selbst. Im Himalaja.«
»Und was macht Haug im Himalaja?«
»Ein bis zwei Sechstausender.«
»Ist er jetzt total übergeschnappt?«
»Es bringt ihm viel, sagt er.«
»Im Himalaja auf Sechstausender steigen bringt ihm viel?«
»Er sagt, man fühle sich dort so klein und unbedeutend.«
»Ja, fühlt er sich denn hier groß und bedeutend.«
»Wahrscheinlich.«
»Bestimmt. Er fühlt sich uns... wie hoch sind wir hier?«
»Etwa 600 Meter.«
»Er fühlt sich uns um 5400 Meter überlegen.«
»Meinst du?«
»Ein bis zwei Sechstausender, nur um sich klein und unbedeutend zu fühlen. Das könnte er billiger haben.«
»Zum Beispiel?«
»Mit einer kleinen internen Umfrage, zum Beispiel.«
»Vielleicht tut es ihm gut.«
»Das bezweifle ich. Wenn er zurückkommt, fühlt er

sich uns um die Erfahrung überlegen, sich klein und unbedeutend gefühlt zu haben.«

»*Wenn* er zurückkommt. Soll ja nicht ungefährlich sein.«

»Ach komm, der riskiert doch nichts. Der ist sich viel zu unersetzlich.«

»Täusch dich nicht. Nur in Extremsituationen findet man sich selbst.«

»Das Extremste wäre, dass es ihm gelingt.«

»Sich selbst finden?«

»Das stell ich mir allerdings lebensgefährlich vor: Haug begegnet Haug. Auf sechstausend Metern. Im Himalaja.«

»Du magst ihn nicht.«

»Du schon?«

»Er hat nun einmal diesen Drang, sich selbst zu spüren. Seine Leistungsgrenze zu erkunden.«

»Leistungsgrenze erkunden!«

»Es gibt viele Leute, die das einfach ab und zu brauchen: erfahren, wo die persönliche Leistungsgrenze liegt.«

»Das allein ist schon so unglaublich überheblich: zu meinen, so weit suchen zu müssen.«

»Da ist etwas dran.«

»Meine Leistungsgrenze liegt bei sieben Liegestützen. Dazu brauch ich nicht in den Himalaja.«

»Das ist ja nicht nur körperlich. Das ist auch eine mentale Erfahrung. Völlig ausgepumpt in der dünnen Luft des Hochhimalaja und die allerletzte Gewissheit: Jetzt kann ich nicht mehr.«

»Jede Wette: Er kommt als der gleiche Schafseckel zurück, als der er gegangen ist. Bestenfalls!«

»Vergiss nicht das kulturell-religiöse Umfeld. Das kann einen Menschen schon verändern.«

»Du klingst, wie wenn du dich auch dafür interessieren würdest.«

»Nicht direkt interessieren. Aber eine Erfahrung wäre es eventuell schon.«

»Sich klein und unbedeutend zu fühlen? Sich auf sechstausend Metern selbst über den Weg zu laufen? An der Leistungsgrenze zu patrouillieren? Das darf doch nicht dein Ernst sein.«

»Ich habe jedenfalls Unterlagen bestellt. Unverbindlich.«

»Du spinnst.«

»Es soll auch sehr entbehrungsreich sein.«

»Umso schlimmer.«

»Man nimmt, scheint's, wahnsinnig ab.«

»Wo, sagst du, gibt es diese Unterlagen?«

Nyffelers Wiedergeburt

Die Idee stammte ursprünglich von Kathrin. »Lass uns mal was anderes machen über die Feiertage«, hatte sie letzten Herbst gesagt und, als Nyffeler nichts Grundsätzliches dagegen einzuwenden hatte, ihn behutsam an den Wellnessgedanken herangeführt.

Zuerst hatte er gedacht, sie wolle einfach ans Meer und nicht wie jedes Jahr zur üblichen Festtagsroutine ins Engadin. Aber dann stellte sich heraus, dass sie fand, sie sollten sich »einmal für zwei Wochen rundum verwöhnen lassen«. Er war im Vollstress gewesen und ließ Kathrin freie Hand.

Im November erfuhr er, dass sie in einem Kurhotel gebucht hatten. »Thermen, Massagen, Aromakuren, Work-out.« Diät erwähnte sie nicht.

Erst als sie zwei Tage vor Weihnachten ihr Zimmer beziehen und Nyffeler einen Welcome Drink in der Bar vorschlägt, sagt Kathrin: »Welcome Drinks kommen in deinem Diätplan nicht vor.«

Diät ist kein neuer Begriff in ihrer langjährigen Beziehung. Nyffeler hatte mit drei Kilo Übergewicht im Hafen der Ehe angelegt und daraus im Laufe der letzten einundzwanzig Jahre knapp dreißig gemacht. Dass die wegmüssen, ist eine Pendenz. Aber eine mittelfristige.

Er setzt den Welcome Drink durch, allerdings um den Preis des Versprechens, es ab morgen mit der Diät zu versuchen.

Kurz nach dem Frühstück – ein Apfel, eine Orange und so viel Pfefferminztee, wie er Lust hat – ist er bereit, das Handtuch zu werfen. Und hätte es auch getan, wenn er nicht mitten in einer irisch-römischen Bürstenmassage gewesen wäre – ganz ohne Handtuch. Den Rest des Vormittags verbringt er unter dem kritischen Blick einer gutaussehenden Trainerin an verschiedenen anstrengenden Geräten. Das Mittagessen – Gemüsesalat mit Magerquarksauce und zwei Scheiben Sesamknäckebrot – genießt er unter Kathrins Aufsicht. Die anschließenden zwei Stunden Schönheitsschlaf ebenfalls. Sie weckt ihn gerade rechtzeitig für die Atemtherapie. Als er später auf dem Weg zur Lymphdrainage am Hotelkiosk eine Partypackung Chips kaufen will, ist dieser geschlossen.

Aber nach dem Abendessen – Tofuburger und seine gemischten Sprossen – steht er nackt vor dem Badezimmerspiegel und stellt fest: Er wirkt gestrafft. Vielleicht nicht für den Außenstehenden, aber für den Eingeweihten eindeutig.

So motiviert, quält er sich durch die entbehrungsreichsten Festtage seines Lebens. Er planscht im Thermalbad, kneippt, dampfbadet, sprudelbadet, wird gepeelt, unterwassermassiert, schlammgebadet und verbringt vormittags und nachmittags je eine Stunde im Kraftraum. Er schlemmt an Weihnachten eine Forelle blau und stößt aufs neue Jahr mit Sauerkrautsaft an.

Aber es lohnt sich. Wieder zu Hause, fühlt er sich wie

neugeboren. Die Waage zeigt fünf Kilo dreihundert weniger an. Sichtbare, wie er am ersten Arbeitstag den verstohlenen Blicken von Altmann und Casutt entnimmt, die ihm im Lift begegnen.

»Das neue Jahr beginnt, wie das alte aufgehört hat«, bemerkt Altmann zu Casutt, als sie im Vierten ausgestiegen sind, »mit Nyffelers gleicher feister Visage.«

Das Symptom

Rubli ist kein Hypochonder. Er beschränkt seine Arztbesuche auf den Zweijahres-Check. Immer alles tipptopp, Cholesterin manchmal etwas an der oberen Grenze, aber das gute Cholesterin, wie heißt es doch gleich.

Dabei läuft Rubli nonstop in dem, was bei anderen der rote Bereich wäre. Nicht, dass er das braucht, er ist kein Workaholic, aber es macht ihm nichts aus, und der Job erfordert es nun mal. Wenn alle das liefern würden, was der Job erfordert, dann sähe die Wirtschaftslage anders aus, das nur nebenbei.

Aber in letzter Zeit, genau genommen seit letzten Mittwoch, dreiundzwanzig Uhr fünfundvierzig, hat Rubli Symptome. Besser gesagt: ein Symptom. Eines, das er noch nie gehabt hat, von dem er aber weiß, dass es existiert und dass es mit Stress zu tun hat. Haben kann. Nicht muss, es soll auch andere Ursachen geben, aber die häufigste sei nun einmal *good old stress*.

Um welches Symptom es sich genau handelt, tut hier nichts zur Sache, die Tatsache, dass es mit hoher Wahrscheinlichkeit ein stressbedingtes ist, muss genügen. Rubli wird es zu gegebener Zeit mit seinem Vertrauensarzt besprechen, nur für den unwahrscheinlichen Fall, dass die Ursache nicht im Stress zu suchen ist, das heißt, falls es ihm nicht gelingen sollte, das Symptom durch Stressabbau zu beseitigen.

Was ihn nicht überraschen würde, denn wie kann man etwas abbauen, was subjektiv gar nicht vorhanden ist? Rubli arbeitet einfach mehr als andere, kommt früher, geht später, isst schneller, schläft weniger, aber Stress? Davon hat er bis heute, also bis letzten Mittwoch, noch nie etwas gemerkt. Aber vielleicht fehlt ihm das Sensorium dafür. Vielleicht hat Rublis Körper etwas gemerkt, was Rubli selbst noch nicht aufgefallen ist. Und der Körper teilt es ihm jetzt mit.

Nur: Dass er sich dazu ausgerechnet dieses Mediums bedienen muss, empfindet er schon als störend. Wobei – besser als Herzinfarkt, es beeinträchtigt die Leistungsfähigkeit nicht, zumindest nicht die berufliche, womit nun eigentlich schon fast zu viel gesagt wäre, denn wie gesagt: Die Art des Symptoms gehört nicht hierher, es muss genügen, dass man weiß, dass es sich am letzten Mittwoch, dreiundzwanzig Uhr fünfundvierzig, in Gegenwart seiner Frau im gemeinsamen Ehebett manifestierte und es sich nicht um Bettnässen handelt.

Falls das Symptom stressbedingt ist und der Stress vom Job kommt, wird er in den nächsten Monaten etwas kürzertreten. Und sein Pensum auf hundert Prozent reduzieren.

Managementtraining (1)

Eggmann trägt einen schwarzen Silva-Laufdress mit zwei Taschen in der Jacke und Kniekordeln an der Hose, OL-Schuhe mit Dob Spikes und einen wettkampftüchtigen Daumenkompass. Das übrige Management steckt in normalen, kaum getragenen Trainingsanzügen und Joggingschuhen. Jedem hängt der Kompass vor der Brust, den er auf der Busfahrt gefasst hat.

Der Orientierungslauf steht unter dem Motto »Standortbestimmung« und ist Teil des Managementtrainings, das Eggmann seinem Kader verschrieben hat. Es geht ihm darum, die Einzelkämpfer zu einem Team zusammenzuschweißen. Sie aus der Firma rauszuholen, damit sie sich einmal in einem anderen Kontext begegnen.

Zudem will er sehen, wie sie reagieren, wenn sie mit etwas Unbekanntem konfrontiert werden. Wie sie unter Zeitdruck mit einer neuen Führungssituation umgehen. Wer führt? Wer wird geführt?

Das Wetter könnte besser sein. Aber Eggmann hat absichtlich die kühle Jahreszeit gewählt, aus zeckentechnischen Überlegungen. Es herrschen knapp zehn Grad, und ein Nieselregen fällt ungehindert durch den kahlen Laubwald. Die Läufer werden nicht frieren. Aber für die Posten (alles Halbfreiwillige aus Sekretariat und Administration) und die Besetzung der Verpflegungsstände (ein paar als Überraschung aufgebotene Teilnehmergattinnen) könnte es hart werden.

Nach einer sehr motivierenden Einführung brieft Eggmann die Wettkämpfer und bildet die Teams. Fünf Mannschaften à drei Mann. Bei deren Zusammenstellung hat er ein paar Handicaps eingebaut. Zum Beispiel den übergewichtigen Welti mit zwei hierarchisch weit unter-, aber sportlich weit überlegenen Kollegen zu kombinieren. Oder die drei Bewerber um das Gesamtmarketing ins gleiche Team zu stecken. Oder die verfeindeten Hafner und Schürch zusammen mit dem intriganten Hüssy, der abwechselnd immer dem jeweils Anwesenden in den Arsch kriecht.

Keiner der Konkurrenten hatte Gelegenheit, sich auf den karten- und kompasstechnischen Part vorzubereiten. Sie ahnten nur aus den Kleidervorschriften, dass es sich um etwas Sportliches handeln wird. Auch das Hilfspersonal wurde erst vor ein paar Stunden eingeweiht. Einzig Frau Schürch, Eggmanns Assistentin, wusste Bescheid. Sie war verantwortlich für den ganzen administrativen Teil. Und auch Kleinert war eingeweiht, der Graphiker, der Eggmann bei der kreativen Gestaltung der Posten assistierte, einer Art Open-Air-Management-Workshops.

Eggmann selber hat sich orientierungslaufmäßig etwas vorbereitet. Er hat vor, als Steppenwolf auf der Strecke zu wildern, hier unvermutet bei einem Posten aufzutauchen und dort ein Team aus dem Dickicht heraus zu belauschen.

Kaum ist der Startschuss gefallen, schlägt sich Eggmann seitlich in die Büsche. Er wird den Parcours von Nordwesten großräumig umgehen und sich hinter dem Waldarbeiterunterstand beim Posten »Projektleitung und Teamführung« verstecken. Er hat die Topographie so genau im Kopf, dass er die Karte in die linke Jackentasche steckt und im lockeren Laufschritt loszieht.

Nach zehn Minuten konsultiert er sie doch. An Nadelwald kann er sich nämlich nicht erinnern.

In diesem Augenblick brechen zwei jagende Löwinnen aus dem Unterholz. Eggmann sprintet auf eine Tanne zu und schafft es in seiner Panik irgendwie, bis zum ersten tragfähigen Ast zu kraxeln. Von dort aus klettert er weiter hinauf, in Sicherheit.

Als er keuchend hinunterschaut, stellt er erleichtert fest, dass er sich getäuscht hat: Es sind keine jagenden Löwinnen.

Es sind jagende Rottweiler.

Managementtraining (II)

Eggmann geht so vor wie in jeder Situationsanalyse – immer zuerst das Positive. Erstens: Die Tanne, auf die er geklettert ist, ist einigermaßen regendicht. Er hätte ja auch eine entlaubte Buche erwischen können und wäre dem Landregen schutzlos ausgeliefert gewesen.

Zweitens: Er hat den Orientierungslauf so gut organisiert und delegiert, dass dieser auch ohne seine persönliche Anwesenheit reibungslos über die Bühne gehen wird.

Drittens: Bei den Hunden, die dort unten am Baumstamm hecheln, handelt es sich um Rottweiler. Eine Rasse von großer Führigkeit. Diese Tiere sind es gewohnt, zu gehorchen und sich einer starken Führungspersönlichkeit unterzuordnen.

Eggmann holt also tief Luft und schreit: »AUS!«

Die Tiere stutzen eine Sekunde und verfallen dann in noch rasenderes Gebell. Auch gut, denkt Eggmann, das wird das Herrchen herbeilocken. Jedes Mal, wenn das Bellen etwas abflaut, heizt er es durch einen Zwischenruf neu an.

Das Herrchen scheint sich nicht in Hördistanz zu befinden, aber ein anderer Erfolg zeichnet sich ab: Die Tiere bellen sich müde. Eggmanns Chronometer zeigt zweiunddreißig Minuten und achtzehn Sekunden nach dem Startschuss, als der hässlichere der beiden Hunde sein Bellen durch ein herzhaftes Gähnen unterbricht. Das Gebiss, das bei diesem Vorgang sichtbar wird, dämpft Eggmanns Optimismus nur bedingt.

Er beschimpft also jedes Mal, wenn das Gebell leicht abflaut, von der sicheren Warte seiner Tanne aus die Rottweiler mit »ZWERGPINSCHER! – ZWERGPUDEL! – ZWERGSCHNAUZER! – ZWERGSPITZ!«

Der Regen fällt jetzt so dicht, dass er das Geäst der Tanne durchdringt. Und auch Eggmanns Laufdress, welcher für einen Mann *on the move* gedacht ist, nicht für einen, der auf einer Tanne sitzt und Rottweiler provoziert. Auch ein Wind von schätzungsweise fünf Beaufort hat eingesetzt und verwandelt, falls er die Windchill-Formel richtig im Kopf hat, die objektiven zehn Grad Celsius Lufttemperatur in subjektive null Grad.

Die Rottweiler stört das Wetter nicht. Im Gegenteil: Der Wind scheint sie anzustacheln. Sie bellen mit gefletschten Zähnen und sich überschlagenden Stimmen zum vor Kälte zitternden Eggmann herauf.

Aber plötzlich verstummen sie und lauschen. Jetzt hört Eggmann es auch: das Knacken von Ästen und eine menschliche Stimme. Endlich, der Hundebesitzer! Der wird sich erinnern an diesen Tag, als er mit zwei nicht angeleinten Rottweilern im Wald spazieren ging.

Das Geräusch kommt näher. Es muss sich um mehrere Hundebesitzer handeln, denn Eggmann kann verschiedene Stimmen unterscheiden. Gerade als er rufen will: »Hier! Hilfe! Auf der Tanne!«, wird ihm klar, dass eine davon klingt wie die von Hüssy. Und jetzt kommen ihm auch die beiden anderen bekannt vor.

Wie ein Film läuft sein Leben vor seinem geistigen Auge ab. Und zwar das Leben nach seiner Rettung von einer Tanne durch drei der unangenehmeren Mitglieder seines Kaders.

Ohne sich zu rühren schaut er zu, wie die beiden verblüfften Rottweiler die fluchenden, durchnässten Hüssy, Hafner und Schürch unbehelligt vorbeikeuchen lassen.

Kaum sind sie außer Sichtweite, belfern die Köter wieder den Stamm hinauf.

Managementtraining (III)

Während Eggmann auf dem sechsten Ast einer Rottanne mit dem Projekt »Rottweiler« voll ausgelastet ist, läuft parallel dazu das Projekt »Orientierungslauf« autonom weiter.

Verbissen kämpft sich die erweiterte Geschäftsleitung in Dreiergruppen durch den im Dauerregen immer tiefer werdenden Waldboden. Keiner von ihnen ist ein ausgesprochener Outdoor-Typ, und die wenigsten haben seit ihrer Zeit als Pfadfinder oder Rekruten im Umgang mit Karte und Kompass Erfahrungen gesammelt. Aber alle verfügen über einen ausgeprägten Führungsinstinkt und einen gesunden Ehrgeiz.

Diese Mischung bringt es mit sich, dass der Wald bald von Rufen, energischen Befehlen und wütenden Gegenbefehlen widerhallt.

Die Streckenposten warten unterdessen gottergeben auf etwas *action* und versuchen, sich mit Hüpfen am Ort und Armeschwingen warm zu halten. Die Anschläge an den Baumstämmen sind durchweicht, und ihre Themenstichworte – »Führungsinstrument Zielvereinbarung!«, »Zielorientiertes Feedback!« – in sehr bunten, aber nicht sehr wasserfesten Inkjet-Farben gedruckt.

Bis jetzt hat noch kein Team einen Posten in der richtigen Reihenfolge angelaufen. Die Fragebogen liegen unbenützt in ihren Schachteln im Schutz der Posten-Campingtische. Die durchweichten, schlammbedeckten Läufer, die per Zufall auf einen der Posten stoßen, werden gnadenlos weitergeschickt. Denn jederzeit könnte Eggmann zu einer Posteninspektion auftauchen.

Die unsichtbare Gegenwart von Eggmann hat in der ersten Stunde auch unter den Wettkämpfern für Disziplin gesorgt. Aber jetzt fängt auch diese an, unter den Verhältnissen zu leiden. Vor allem im Umkreis des Verpflegungsstandes. Diesen hat Eggmann aus logistischen Gründen am Verkehrsknotenpunkt des Parcours anlegen lassen, was ihn für die desorientierten Orientierungsläufer zum meistbesuchten Posten macht.

Kommt dazu, dass er von den als Überraschung aufgebotenen Wettkämpfergattinnen straff geführt und gut bestückt ist und über ein paar Sonnenschirme zum Unterstehen, ein Feuer zum Aufwärmen, ein gutes Sortiment an Energieriegeln und einige Thermoskannen mit heißen Getränken verfügt.

Anfangs hielten sich die Sportler nur für ein paar lockere Sprüche und eine rasche Zwischenverpflegung dort auf, aber je länger der Wettkampf dauert und je ausgepumpter die Teilnehmer sind, desto ausgedehnter werden die Boxenstopps.

Die extremen Verhältnisse und der Cognac, mit dem das Verpflegungspostenmanagement zur Vorbeugung von Erkältungskrankheiten inzwischen die heißen Getränke aufpeppt, sorgen in der zweiten Wettkampfstunde für eine Solidarisierung selbst unter den erbittertsten Gegnern.

Gerade als die Teams sich darauf einigen, den Wettkampf aus Witterungsgründen abzubrechen und sich gemeinsam zu Verlierern zu erklären, treffen die durchgefrorenen Streckenposten ein. Gemeinsam feiern sie die Überschreitung des Zeitlimits.

Doch als es am schönsten ist, wird das Waldfest von Frau Schürch, Eggmanns Assistentin, mit der Frage gestört: »Hat eigentlich jemand den Chef gesehen?«

Managementtraining (IV)

»Es hat aufgehört zu regnen«, sagt Küfer. Er ist der Schlussmann des Teams. Berger ist der Mittelmann, und Straub führt. Nicht, weil er besonders gut Karten lesen oder mit dem Kompass umgehen kann, sondern einfach, weil es sowieso scheißegal ist, wer die Führungsarbeit übernimmt. Die drei haben ausgemacht, dass sie sich darin in Zehnminutenabständen abwechseln.

Straub sagt: »Es ist sowieso scheißegal, ob es regnet oder nicht, nasser kann ich nicht mehr werden.«

»Aber man kann die Spuren besser lesen«, entgegnet Berger und muss dermaßen lachen, dass er sich setzen muss. Berger hat am Verpflegungsstand den nichtisotonischen Getränken am stärksten zugesprochen.

Die beiden Teamgefährten nutzen den Lachanfall zu einer kurzen Pause und setzen sich neben Berger auf den morastigen Waldboden. Weil es sowieso scheißegal ist, wo sie sich hinsetzen.

»Wenn ihr mich fragt, gehört das alles zu Eggmanns beschissenem ›Standortbestimmungs-Orientierungslauf‹«, behauptet Küfer.

»Das hast du schon gesagt«, antwortet Straub. »Mehrmals.«

»Weil es stimmt. Der sitzt irgendwo im Trockenen, beobachtet uns via Satellit und schreibt unsere Qualifikationen.«

Berger steht auf, breitet die Arme aus und wirft Kusshände in den Himmel.

Straub und Küfer rappeln sich hoch, und das Team marschiert weiter. Jetzt unter Bergers Führung.

»Es hat wieder angefangen zu regnen«, stellt Küfer fest. Keiner antwortet.

»Vielleicht ist ihm wirklich etwas zugestoßen«, sagt Straub.

»Zum Beispiel was?«, will Küfer wissen.

»In eine Schlucht gestürzt. Im lockeren Laufschritt eine unternehmerische Vision gehabt und: Zack! Kopfüber in eine Schlucht.«

Berger muss sich wieder setzen vor Lachen.

»Wo gibt's denn hier eine Schlucht?«, fragt Küfer.

»Hier.« Straub zeigt auf eine Stelle auf der Karte.

»Woran siehst du das?«

»Daran, dass die Höhenkurven so eng beieinanderliegen.«

»Und wo ist das?«

»Eben: hier.« Straub zeigt auf die gleiche Stelle.

»Ich meine: auf der Welt. Wo auf der Erdkugel befindet sich diese Schlucht, in die Eggmann möglicherweise gestürzt ist?«

»Da musst du unseren Teamleader fragen. Er ist für die Orientierung zuständig.« Straub zeigt auf Berger, der noch immer prustend im durchweichten Buchenlaub hockt.

Die Bemerkung sorgt für so viel Heiterkeit, dass sich auch Straub und Küfer wieder setzen müssen.

Als sie sich so weit erholt haben, dass sie gehen können, übernimmt Küfer die Führung.

»Wahrscheinlich liegt er hier irgendwo mit gebrochenem Knöchel und wartet auf Hilfe«, vermutet Straub nach einer Weile.

»Dann müssen wir ganz leise sein«, befiehlt Küfer.

»Weshalb?«, erkundigt sich Straub.

»Damit er uns nicht kommen hört.«

»Und warum das?«

»Damit er uns nicht wieder gehen hört.«

Und schon sitzt das Team wieder im nassen Laub.

Managementtraining (v)

Eggmann weiß, dass ihn diese Extremsituation führungspersönlichkeitsmäßig weiterbringen wird. Für das Krisenmanagement lebenswichtige Charaktereigenschaften wie Durchhaltevermögen, Nervenstärke, Improvisationsfähigkeit, Flexibilität und analytisches Denken werden hier simultan trainiert. Die nasse Rottanne ist wie ein Flugsimulator für Manager. Er, Eggmann, lonely at the top, in der dünnen, kalten Luft der Gesamtverantwortung, und unter ihm, zähnefletschend, die beiden Rottweiler als Verkörperung der Konkurrenz, der internen und der externen. Und der Wald als Markt, mit all seinen Gefahren, Tücken und Unwägbarkeiten.

Eggmann hockt schlotternd, aber zielorientiert auf dem sechsten Ast und motiviert sich mit dem zukünftigen Rückblick auf die Gegenwart für das Troubleshooting.

Dem Trouble Number One, der Kälte, begegnet er autogen. Er konzentriert sich ausschließlich auf seinen Körper und stellt sich vor: »Mir wird ganz warm.«

Trouble Number Two, die Rottweiler, bekämpft er suggestiv. Er sitzt einfach auf dem Baum und lässt die Tiere seine überlegene Präsenz spüren. Die Taktik wirkt: Sie haben aufgehört zu bellen und lassen nur noch, wenn er seine Position wechselt, ein drohendes Knurren vernehmen.

Das Problem bei diesem Approach besteht darin, dass Eggmann sich ständig zwischen seinem und dem Körper eines der Rottweiler entscheiden muss. Denn sobald er den Tieren seine Präsenz aufzwingt, verstärkt sich das Schlottern. Und kaum hat er sich wieder etwas warmsuggeriert, werden sie unruhig.

Kurz nach Kontrollschluss des Orientierungslaufs sucht Eggmann die direkte Auseinandersetzung mit den Rottweilern. Er steigt von Ast sechs auf Ast fünf und, als sich das Rasen der Hunde etwas gelegt hat, weiter hinunter auf Ast vier. Dort verharrt er lange Zeit und überlegt sich, ob der Wirtschaft in diesen Zeiten ein Schlag wie der Verlust einer Führungspersönlichkeit seines Kalibers zuzumuten ist.

Da schrillt plötzlich ein Pfiff durch den Wald. Augenblicklich hören die Bestien auf zu bellen, heben die Schädel und sind verschwunden, wie sie gekommen sind.

Eggmann lässt zur Sicherheit eine weitere halbe Stunde verstreichen. Dann macht er sich an den Abstieg.

Alles geht gut bis zu Ast eins, schätzungsweise drei Meter über dem Boden. Das kleine Geäst, mit dessen Hilfe er in seiner Panik hinaufgeklettert war, hängt geknickt im Regenwind. Und einen Sprung aus drei Metern Höhe will er seinen kalten Knochen nicht zumuten.

In dieser Situation kommen Eggmanns Erfindungsgeist und Flexibilität voll zum Tragen. Er entledigt sich seiner Hose, hängt sie rittlings über den Ast und – seilt sich an den Hosenbeinen ab. Das Material ist so stretchbar, dass er erst loslassen muss, als seine Zehenspitzen bereits den sicheren Boden berühren.

Lautlos schnellt die Hose in die Höhe, das linke Hosenbein verfängt sich in den Zweigen, das rechte fällt schlaff zurück bis schätzungsweise vierzig Zentimeter oberhalb von Eggmanns Reichweite.

In einem roten sportlichen Herrentanga und mit Tränen der Verzweiflung immer wieder nach seiner von einer Tanne herunterbaumelnden OL-Hose springend, wird Eggmann schließlich vom Suchtrupp Weinmann-Blumer-Schenk aufgefunden.

Drei junge Mitarbeiterinnen aus dem Bereich Sekretariat/Administration.

Remmlers meditative Seite

»Remmler meditiert.«
»Manchmal sieht es ganz danach aus. Dieses geistesabwesende Glotzen.«
»Nein, ich meine nicht, wenn er einfach so dasitzt und verdaut. Ich meine richtig. Er betreibt Meditation.«
»Remmler?«
»Da staunst du.«
»Woher hast du das?«
»Von Gerda.«
»Und sie?«
»Vom Telefonbeantworter.«
»?«
»Sie wollte seine Frau anrufen, und der Telefonbeantworter sagte, sie seien gerade am Meditieren.«
»Danke für Ihren Anruf, wir sind gerade am Meditieren?«
»Ruedi und Alice Remmler sind am Meditieren und rufen Sie später zurück.«
»Du nimmst mich auf den Arm.«
»Ich schwör's.«
»Seine Stimme?«
»Ihre.«
»Mit Meditationsmusik im Hintergrund?«

»Das nicht, aber mit irgendwie beseelter Betonung, sagt Gerda.«

»Kannst du dir Remmler im Lotussitz vorstellen?«

»Beim Ethikseminar saß er auf einem Medizinball.«

»Eben.«

»Man kann auch in anderen Positionen meditieren.«

»Im Kopfstand, zum Beispiel.«

»Oder liegend. Remmler sehe ich eher liegend.«

»Du meinst, Remmlers liegen in losen Gewändern auf dem Spannteppich des abgedunkelten Elternschlafzimmers, und im Hintergrund läuft Vollenweider?«

»Oder tibetanische Klangschale.«

»Ich kotz gleich.«

»Und auf dem Nachttischchen brennt ein Räucherstäbchen.«

»Hör auf! Ich will mir das nicht vorstellen.«

»Aber er will, dass wir uns das vorstellen, sonst würde er doch einfach das Telefon ausstecken.«

»Vielleicht weiß er nichts von ihrem Text auf dem Beantworter.«

»Das glaubst du doch selber nicht.«

»Nein.«

»Er will, dass die Welt weiß, dass er meditiert.«

»Er will, dass wir denken, er sei durchgeistigt.«

»Remmler, dieses Pfund Schnitz!«

»Er will uns als materialistische Säcke hinstellen.«

»Ausgerechnet Remmler! Privatessen auf Spesen, aber meditieren.«

»Falls er überhaupt meditiert.«

»He! Natürlich! Das ist es! Der meditiert gar nicht!«

»Der will einfach das Gerücht streuen, er meditiere.«
»So wie er das Gerücht streuen will, er arbeite.«
»Schatz, stell den Beantworter auf Meditation, heute gibt's Schlachtplatte im Leuen.«

Lehmann on the Rocks

Lehmann späht durch das kleine Glasfensterchen in der Saunatür, bis der Belgier von Tisch achtzehn aus dem Kaltwasserbecken klettert. Marianne und er haben Tisch siebzehn und grüßen Tisch achtzehn seit dem zweiten Tag. Es war unangenehm genug gewesen, in der Ausdünstung von jemandem zu schwitzen, von dem man genau wusste, was er zu Abend gegessen hatte. Das Kaltwasserbecken mag Lehmann nicht auch noch mit ihm teilen.

Jetzt ist die Luft rein. Lehmann bindet sich das nasse Frottiertuch neu um die Hüfte, sichert den Knoten mit der Linken, zieht den Bauch ein und verlässt die Sauna. Er geht die paar Schritte zum Kaltwasserbecken und schaut sich vorsichtig um. Als er sich versichert hat, dass die Luft rein ist, lässt er das Tuch fallen und springt.

Er ist auf etwas Kühles gefasst. Aber dass es so kalt sein würde, hat ihm niemand gesagt. Wenn es ihm nicht den Atem verschlagen hätte, würde er schreien wie ein Kind im Nichtschwimmerbecken. Das Eiswasser brennt auf seiner Haut wie Pommes-frites-Öl.

Er hält sich japsend am Beckenrand fest und zählt. Mindestens eine Minute empfiehlt der wasserfeste Anschlag im Schwitzraum. Lehmann nimmt an, dass es sich dabei um die Erfahrungsdaten für Fortgeschrittene handelt, und reduziert sein Limit auf zwanzig Sekunden. Bei neun beginnt er, rascher zu zählen, und bei vierzehn fängt er an, aus dem Becken zu klettern.

Bei siebzehn entdeckt er Rudin.

Keine zehn Meter vom Kaltwasserbecken entfernt, unterhält der sich mit einem Unbekannten. Beide tragen ihre Frottiertücher tief auf den Hüften, wie römische Zenturionen zwischen zwei siegreichen Feldzügen. Rudin benutzt seine verschränkten Arme als Push-up-Bra für den großen Brustmuskel und achtet darauf, dass die muskulösen Unterarme nicht zu viel vom Waschbrettbauch verdecken.

Lehmann lässt sich wieder ins Gletscherwasser sinken und beginnt, Marianne zu verfluchen. Das hat er jetzt davon, dass er sich zu diesen Scheißwellnessferien überreden ließ. Noch schlimmer: dass er sich weichklopfen ließ, in diesen Scheißwellnessferien auch noch von diesem Scheißwellnessangebot Gebrauch zu machen. Nur weil es im horrenden Preis des Arrangements inbegriffen ist. Im Alpina, wo sie sonst die Winterferien verbrachten, wäre Rudin nicht aufgetaucht. Und falls doch, hätte er Lehmann niemals bibbernd und splitternackt aus einem Kühlbecken klettern sehen.

Nein. Diesen Anblick gönnt er Rudin nicht. Nicht Rudin, der es seit Jahren auf seinen Job abgesehen hat. Der stumm und hartnäckig darauf hinarbeitet, dass sich Lehmann die entscheidende Blöße gibt.

Aber jetzt beginnen Lehmanns Zähne zu klappern. Es wird ihm nichts anderes übrigbleiben, als sich das

Frottiertuch vom Beckenrand zu angeln, es unter Wasser umzulegen und möglichst gelassen aus dem Becken zu steigen.

Während er vergeblich nach dem Tuch tastet, sieht er gerade noch, wie sich eine Frau im hellblauen Arbeitsmantel mit einem Wäschekorb voller gebrauchter Frottiertücher entfernt. Rudin wechselt gerade vom Spiel- aufs Standbein.

Auf vierhundertachtzig muss Lehmann zählen, dann verschwindet Rudin in der Sauna. Dass er ihm seinen Anblick nicht gegönnt hat, wärmt Lehmann ein bisschen. Aber nicht genug, um ihm den schweren grippalen Infekt zu ersparen, dem sein durch die Unterkühlung geschwächtes Immunsystem nichts entgegenzusetzen hat.

Die zehn Arbeitstage, die er ausfällt, wird er von Rudin hervorragend vertreten.

Kölliker im Herbst

Wie immer bei zweifelhafter Witterung nimmt Kölliker den Touareg von Eveline für die Fahrt zum Fitness-Parcours. Sie braucht ihn noch nicht um sechs Uhr früh, und jetzt, wo das Herbstlaub fällt, kann der Vierradantrieb nichts schaden.

Die Straßen sind leer wie nach der nuklearen Katastrophe.

Kölliker erschrickt über das Bild. Keine Ahnung, wie das in seiner sonst nüchternen Phantasiewelt hatte entstehen können. Er steht – im Gegensatz zu seiner fünfzehnjährigen Tochter Linda – der Kernenergie aufgeschlossen gegenüber.

Er schaltet die Anlage ein. Aus den Boxen schluchzt eine heisere Männerstimme einen verzweifelten Flamenco. Eine der CDs, die Eveline als Erinnerung an das gemeinsame verlängerte Wochenende in Sevilla gekauft hat, das er seit zwei Jahren verschiebt.

Er drückt auf »Radio«. Eine freudlose Frauenstimme kündigt das Nonett in Es-Dur op. 139 für Bläser und Streicher von Joseph Gabriel Rheinberger an. Kölliker schaltet die Anlage aus.

Dunkle Vorgärten voller kahler Birken säumen die nass glänzende Straße. Es regnet nicht, aber die Herbstluft ist so feucht, dass er den Scheibenwischer in der Intervallposition laufen lassen muss.

Die Häuser sehen aus wie unbewohnt. Nur selten sieht Kölliker Licht hinter einem milchverglasten Badezimmerfenster. Noch ein einsamer, verantwortungsbewusster Frühaufsteher, denkt er.

Der Parkplatz des Fitness-Parcours ist leer. Das Herbstlaub verdeckt die Markierungen. Kölliker parkt nach Gefühl ein.

Er stellt den Motor ab und schaltet die Scheinwerfer aus. Nur noch das trübe Licht der letzten Straßenlaterne vor der Naherholungszone. Er streift sich das Elastikband der Kopflaterne über die Stirn, steigt aus und fällt in einen leichten Aufwärmlaufschritt. Der weiße Halogenkegel tanzt vor ihm über das glitschige Laub.

Es ist, als seien seine Pumas aus Blei. Jeder Schritt kostet ihn Mühe. Ist er krank?

Beim Grillplatz »Buchfink«, dort, wo er normalerweise einen Zahn zulegt, schaltet er eine Verschnaufpause ein. Er wischt eine Stelle auf der Bank aus einem halbierten Baumstamm mit dem Ärmel halbwegs trocken und setzt sich.

Nur sein langsam sich beruhigender Atem und das eintönige Tropfen des Wassers, das von den schweren Tannenästen fällt. Und zu seinen Füßen das tote Buchenlaub, eben noch Knospe, eben noch sonnendurchglitzertes Blätterdach – und jetzt?

Plötzlich erkennt er die Symptome wieder. Er ist nicht krank. Es ist dieser unausweichliche Kreislauf, dieses ständige Werden und Vergehen, das Kölliker zu schaffen macht. Immer im November passiert es ihm, dass sich der sorgfältig verdrängte Gedanke an die Endlichkeit von hinten heranschleicht und für eine Weile nicht mehr abzuschütteln ist. Alle Versuche sind zwecklos, das weiß er aus Erfahrung. Er muss sich ihm hingeben, bis er von sich aus wieder verfliegt.

Kölliker rafft sich auf. Aber anstatt im Laufschritt die Strecke wieder in Angriff zu nehmen, trottet er schwermütig zum Parkplatz zurück, neben, hinter und in ihm der Gedanke an die Sterblichkeit selbst eines Kölliker.

Eines Tages, denkt Kölliker, wird er nicht mehr sein. Und seine Augen füllen sich mit Tränen des Mitleids.

Nicht mit sich selbst. Mit der KELTRAG und ihren Mitarbeitern, die dann ohne ihn auskommen werden müssen.

Zurück im Büro

Mattle mit Hut

Es ist nicht das erste Mal, dass sich Mattle in den Ferien einen Hut kauft. Aber das erste Mal, dass er dafür umgerechnet dreihundertsechzig Franken ausgibt. Was er angesichts der Qualität für nicht übertrieben hält. Es handelt sich nämlich um einen wunderbar weichen, federleichten, eierschalenfarbenen Panama, made in Ecuador, woher heutzutage bekanntlich die besten Panamas stammen. Zu Hause würde dieser Hut – falls überhaupt erhältlich – das Doppelte kosten.

Vera kommentiert die Anschaffung mit einem unsensiblen »Wohl verrückt geworden, hundertzwanzig Franken« (er hat den Preis ihr gegenüber etwas geschönt) »für einen Hut, den du zu Hause sowieso nie trägst!«

Während des Heimflugs belastet das Stück die Familienharmonie, wie das schon seine Vorgänger getan hatten. Mit einem Hut in der Hand ist Mattle nicht so einsatzfähig, wie das Vera von einem Vater von zwei Kindern im Vorschulalter erwartet.

Als Mattle am ersten Arbeitstag erwacht, hofft er, dass ihm das Wetter in der Panamafrage einen Aufschub gewährt. Aber als er aus dem Badezimmerfenster schaut, lacht ihn ein Himmel von mediterranem Blau an. Mattle sieht sich gezwungen, den beigen Baumwollanzug anzuziehen und verlässt das Haus unter Veras spöttischem Blick mit Hut.

Als er ihn auf dem Firmenparkplatz aufsetzt, ist das Gefühl von Selbstverständlichkeit, mit dem er ihn in den Ferien getragen hat, verflogen. Er beschließt, ihn im Wagen zu lassen und sich bei seinem Stellvertreter und Gewährsmann Strehl abzusichern, bevor er sich damit bei seinen Untergebenen blicken lässt.

Auf Strehl ist wie immer Verlass. Er bietet spontan an, in der Kaffeepause mit Mattle zum Wagen zu gehen und ganz, ganz ehrlich zu sagen, ob der Panama drinliege.

Strehl ist begeistert. Mattle habe einen Hutkopf, versichert er, wie Warren Beatty und Thomas Mann. Es sei ihm ein Rätsel, weshalb er nicht schon immer einen Hut getragen habe.

Mattle bleibt den ganzen Vormittag skeptisch. Immerhin ist Strehl sein Untergebener und könnte versucht sein, sich bei ihm einzuschmeicheln. Aber nach dem Lunch geht er zum Wagen, setzt den Hut auf, prüft sich im Rückspiegel und muss Strehl recht geben. Kurz darauf betritt er die Firma ganz unbefangen mit Hut und nimmt ihn erst im vollbesetzten Lift ab.

Mattle gewinnt damit viel Selbstvertrauen. Und Strehl eine Wette von vierhundertachtzig Franken gegen praktisch die ganze Abteilung.

Die Diskrepanzen

Die Ferien sind vorbei, und vor Eveline Holzer liegt wieder das normale Leben in seiner ganzen unerbittlichen Übersichtlichkeit. Neben ihr liegt Kurt, auch nicht gerade ein Ausbund an Überraschungen. »Woran denkst du?«, fragt sie. An nichts, und du?, wird er antworten.
»An nichts, und du?«
»An dies und das.«
Er wartet, bis sie konkreter wird, aber sie schweigt. Er schweigt auch.
»Zum Beispiel an diese Diskrepanzen.«
»Welche Diskrepanzen?«
»Zwischen den Gehältern.«
»Welchen Gehältern?«
»Zum Beispiel zwischen denen deines Topmanagements und dem von dir.«
»Ich verdiene anständig.«
»Eben. Und deine Chefs unanständig.«
Er schweigt.
»Warum sagst du nichts?«
»Weil ich versuche zu schlafen.«
»Damit du morgen schön ausgeruht deinen anständigen Lohn wert bist.« Sie hört, wie er einatmet und die

Luft anhält, mit der er die Antwort hatte herausstoßen wollen.

Nach einer Weile sagt er mit seiner geduldigen Stimme, die ihr so auf die Nerven geht: »Anständig und unanständig sind keine Kriterien in der Lohnpolitik.«

»Sondern?«

»Angemessen und unangemessen.«

»Ha! Dann ist es also jetzt plötzlich angemessen, dass einer im Monat doppelt so viel verdient wie du im Jahr?«

Kurt Holzer zögert mit der Antwort.

Eveline hakt nach.

»Besser als du seien die dort oben ja nicht, behauptest du immer.«

»Nicht den Leistungen angemessen, meine ich. Dem Marktwert. Dem, was die Amerikaner oder Japaner bezahlen würden, um ihn abzuwerben.«

»Warum sollten die mehr bezahlen, wenn sie einen Ebenbürtigen für einen Bruchteil der Summe haben können? Dich zum Beispiel.«

»Ich bin nicht ebenbürtig. Das wäre ich erst, wenn ich gleich viel verdienen würde.«

»Du kannst auch einfach sagen, du hast keine Lust, mit mir darüber zu diskutieren, du brauchst mich nicht gleich zu verarschen.« Eveline dreht sich auf die Seite.

»Wie soll ich es dir erklären? Das Gehalt ist ein wichtiger Teil der Qua-li-fi-ka-tion. Ach was: Das Gehalt ist die Qualifikation. Nicht, weil du besser bist als die andern, verdienst du mehr. Dadurch, dass du mehr verdienst, bist du besser.«

»Wie gesagt, du brauchst mich nicht zu verarschen.«

Aber so klar hat Holzer es noch nie gesehen. »Weil die Manager austauschbar sind, muss man die Qualitätsunterschiede mit Geld herstellen! Ab einem gewissen Gehaltsniveau stellt sich die Frage nach der Qualität nicht mehr!«

Holzer sitzt jetzt kerzengerade im Bett und knipst das Nachttischlämpchen an. »Verstehst du jetzt?«, ruft er aus.

Eveline schüttelt den Kopf. »Das erklärt zur Not die Lohnunterschiede, aber nicht, weshalb sie so gigantisch sein müssen.«

»Ü-ber-leg doch mal!« Er schlägt sich bei jeder Silbe mit der flachen Hand gegen die Stirn. »Je teurer die Manager, desto besser die Firma! Die Unternehmen wollen in ihren Führungsetagen Leute von amerikanischem und japanischem Niveau. Gehaltsniveau, wohlverstanden! Sie be-schäf-ti-gen nämlich keine Spitzenmanager! Sie beschäftigen Spitzengehälter! Es ist die einzige Funktion unserer Chefs, unverhältnismäßig viel mehr zu verdienen!«

»Ich wollte, es wäre auch deine.«

Holzer steht jetzt im Bett. »Unterschätze meine Aufgabe nicht: Ich!«, ruft er aus und reckt die Faust zur Decke empor, »ich gehöre zu denen, die das alles bezahlen!«

»Ich mach mir jetzt einen Tee, willst du auch einen?«

Held der Arbeit, Schwegler

Schwegler ist wieder da. Das heißt, gesehen hat ihn noch niemand, aber laut Absenzenplan ist Schwegler wieder da. Sein BMW steht in der Tiefgarage, und seine nicht Sekretärin, sondern persönliche Assistentin hat gemeldet, dass schon, als sie am Morgen kam, sein Aschenbecher voll war, sechs halbleere Styroporbecher Kaffee herumstanden und sein leichter Baumwollkittel über der Lehne des Besucherstuhls hing. Wahrscheinlich hat er schon einen Sechsstünder hingelegt vor dem Frühstück. Typisch Schwegler.

Jetzt ist er sicher irgendwo im Haus und lässt sich updaten, entschlossen, noch vor Mittag die zwei Wochen Ferien ungeschehen zu machen. Schwegler, der kapitale Achtzigstünder, ist wieder im Revier.

Kurz nach zehn hält ein Taxi hinter dem Haus. Schwegler, ausgeschlafen, gebräunt und ohne Kittel, betritt die Firma durch das Postbüro, in eine mitgebrachte Aktennotiz vertieft. Er steigt elastisch die menschenleere Treppe hinauf zum ersten Stock und wartet dort, konzentriert lesend, auf den Lift. So wird er von Frau Went, die sich mit dem neuen Mitarbeiter Weber auf einem Rundgang befindet, gesehen.

»Direktor Schwegler. Achtzigstundenwoche«, flüstert sie, und dem Neuen wird etwas unbehaglich.

Im Vierten steigt eine Mitarbeiterin zu, grüßt erschrocken und drückt verlegen auf »5. Stock, Rechnungswesen und Finanz«. Ein Stockwerk nur. Schwegler schaut irritiert von seiner Lektüre auf. 22 seiner Sekunden à Fr. 11.– ist sie seinem vorwurfsvollen Schweigen ausgeliefert.

Im Vorzimmer begrüßt ihn die persönliche Assistentin. »Schön, dass Sie wieder da sind, wie waren die Ferien?«

»Die Ferien? Ach so, ja, die Ferien, doch, doch.« Dann zieht er sich in sein Büro zurück. »Keine Störung bis Mittag.«

Er setzt sich in seinen bequemen Sessel, schließt eine Schublade auf und nimmt die Zeitschrift heraus, in der er gestern las, nachdem er sich, wie jeden Sonntag, von der Familie abgesetzt hatte, um im Büro Spuren für den Montagmorgen zu legen: Zigarettenstummel, Kaffeebecher, Kittel über die Stuhllehne, Auto in die Tiefgarage.

Um elf konsultiert er sein TimeSystem, Kapitel »Lokale«, und entscheidet sich (nach zwei Wochen Meerfrüchten) für eine Landbeiz mit Schweizer Butterküche und einem unverkrampften Verhältnis zu Innereien. Er lässt sich »einen ruhigen Zweiertisch für einen Arbeitslunch« reservieren und beginnt mit der Evaluation seines Lunchpartners.

Um halb drei meldet er sich vom Parkplatz aus über sein Natel »aus einem Stau« und geht in die Landbeiz zurück. Um vier ist er wieder im Büro und beraumt eine Sitzung auf sechs an. Die Zeit bis dahin arbeitet er an seinem Arbeitsrapport.

Die Sitzung leitet er mit routiniert vorgetäuschter Effizienz und hebt sie kurz nach halb acht mit dem Hinweis auf, dass er noch zu tun habe. Er wartet die Putzequipe ab und legt dann die Spuren für den nächsten Morgen: Zigarettenstummel, fünf halbleere Kaffeebecher. Dann geht er den Kittel für den nächsten Tag aus dem Kofferraum holen und hängt ihn über die Lehne des Besucherstuhls.

Bevor er ins Taxi steigt, wirft Schwegler einen letzten Blick zum Bürohaus hinauf. Alles dunkel. Nur bei Schwegler brennt natürlich noch Licht.

Braucht es Häfliger?

Nach diesem großen Sommer voll mediterraner Heiterkeit und positiver Wirtschaftssignale kriecht jetzt an manchen Morgen schon die bittere Kühle des Herbstes über die Firmenparkplätze, unter die Burberrys und in die Herzen der Führungselite. Der erste Oktober naht und mit ihm der graue Ernst des letzten Quartals mit seiner bedrückenden Endgültigkeit. Saison der letzten Fragen.

An einem solchen ahnungsvollen Morgen kommt Häfliger etwas später ins Büro. Eine Frivolität, die ihm im Laufe des schwülen Sommers öfter unterlaufen ist, die ihm jetzt aber im sachlichen Licht des frühen Herbstes deplatziert vorkommt. Es ist schon fast neun Uhr, als er sein Vorzimmer betritt, und er macht sich ein wenig Vorwürfe. Denn wer sonst soll ihm Vorwürfe machen, er ist der Boss.

Frau Schäppi lässt sich nichts anmerken. Sie schaut kurz auf und wünscht ihm einen guten Morgen. Ohne Ironie, soweit Häfliger das beurteilen kann.

Er geht in sein Büro, hängt seinen Regenmantel in den Schrank, setzt sich an sein Pult und wartet. Ein paar Minuten später kommt Frau Schäppi mit Häfligers Kaffee und Agenda.

»Herr Bitterli hat Dr. Wullschlegel genommen. Sie sind in Sitzung eins.«

Wullschlegel! Den hat Häfliger vergessen. Er tut so, als ob er ohnehin geplant hatte, erst später dazuzustoßen (es handelt sich ja nur um den vielversprechendsten Neukunden seit 1989), und geht mit Frau Schäppi die weiteren Termine durch.

Sie ist von einer beunruhigenden Geschäftsmäßigkeit, fast Gleichgültigkeit. Früher hatte sie ihn ihre respektvolle Missbilligung selbst der geringsten Liederlichkeit deutlich spüren lassen. Aber heute Morgen glaubt er in ihr etwas wie Überdruss zu entdecken. Als ob es ihr schwerfallen würde, die Fiktion aufrechtzuerhalten, der Terminplan von Häfliger sei von irgendwelcher Bedeutung.

»14 Uhr 30, Abteilungsleitersitzung. Herr Schaller hat sich vorbereitet, falls das Mittagessen mit Dr. Wullschlegel länger dauert. Ich habe bei Panighetti reserviert. Für drei Personen.«

»Drei?« Häfliger schaut auf.

»Sie beide und Herr Bitterli.«

Als Frau Schäppi gegangen ist, bleibt Häfliger an seinem Pult sitzen. Ein paar Türen weiter wird sich Bitterli wahrscheinlich gerade mit Wullschlegel einig, einen Stock tiefer hat sich Schaller auf die Abteilungsleitersitzung tipptopp vorbereitet. Und nebenan delegiert Frau Schäppi wohl bereits wieder andere seiner Aufgaben.

Und er, Häfliger?

Draußen hat ein trüber Regen eingesetzt. In ein paar Büros gegenüber gehen Neonlichter an. Die Camions kommen und gehen. Ihre Doppelreifen brausen auf dem glänzenden Asphalt. Im Vorzimmer piepst kurz ein Telefon auf und wird sofort zum Schweigen gebracht.

Alles funktioniert.

Alles funktioniert auch ohne ihn.

Häfliger läuft es kalt den Rücken herunter bei diesem Gedanken. Aber er schreckt nicht davor zurück, ihn zu Ende zu denken.

Wenn alles auch ohne mich läuft, wenn ich die Unternehmung so strukturiert habe, dass mich Leute wie Bitterli und Schaller vertreten, ersetzen, ja vergessen machen können: Braucht es mich dann noch?

Die Antwort auf diese beklemmende Frage trifft Häfliger mit ihrer ganzen Unerbittlichkeit: Nein. Es braucht Häfliger nicht.

Und jetzt zeigt sich der wahre Manager, der Konsequenzen nicht nur zu erkennen, sondern auch zu ziehen weiß: Häfliger bereinigt kurz entschlossen die Struktur. Und zwar um die Herren Bitterli und Schaller.

Zukunftsängste

Sandra Klaus und Liselotte Schürmann sitzen nach dem Face Forming noch bei einem Green Tea zusammen und machen sich Sorgen um die Zukunft.

»Stell dir vor«, sagt Sandra, »du willst mit deiner Amexco bezahlen, und die ist gesperrt.«

»Und dann nimmst du deine Visa, und die funktioniert auch nicht.«

»Und Bargeld hast du aus Sicherheitsgründen auch nicht genug dabei.«

»Was macht man in einer solchen Situation?, frag ich dich.«

»Auf Rechnung geht auch nicht, wer verkauft schon einer mit zwei gesperrten Kreditkarten etwas auf Rechnung?«

»Du kannst nur noch versuchen, in den Boden zu versinken.«

Beide Frauen nippen an ihren Tassen. »Das ist das Problem am Kein-Geld-Haben: Es ist nicht nur peinlich, es ist auch wahnsinnig unpraktisch.«

»Stimmt. All die Dinge selber machen müssen, die andere viel besser können. Nicht, dass ich mir für Haushaltsarbeit zu schade bin, aber es wäre so ineffizient.«

»Vielleicht bleibt uns bald nichts anderes übrig, wenn man so liest, wen es alles trifft«, seufzt Sandra.

»Alleroberste Liga. Dagegen sind auch unsere beiden nicht gefeit.«

»Und die Abfindungen reichen auch nicht ewig, wenn man einigermaßen den Standard halten will.«

»Falls es überhaupt für eine Abfindung reicht. Die stehen ja neuerdings auch zur Diskussion.«

»Nicht auszudenken.«

»Das klingt jetzt vielleicht versnobt, aber in einem Fähnchen von H & M könnte ich mich einfach nicht bewegen.«

»Und dann die Wohnsituation. Stell dir vor: eine Dreizimmerwohnung in einem Außenquartier. Da würde ich Platzangst bekommen.«

»Wie ich in kleinen Autos. Schon bei der Vorstellung, ich müsste meinen BMW gegen einen Twingo tauschen, bekomme ich Atemnot.«

»Und erst die Ferien. Statt nach Mauritius in ein Dorf im Jura, das nach Kuh riecht.«

»Welche Ferien? Wenn der Mann keine Arbeit hat, hat er auch keine Ferien.«

»Wie meinst du das?«

»Dann ist er immer da. Wenn du aufwachst, ist er da, wenn du frühstückst, ist er da, wenn du aus dem Haus gehst, ist er da, wenn du zurückkommst, ist er da.«

»Daran habe ich noch gar nicht gedacht.«

»Man soll auch nicht immer als Erstes an das Allerschlimmste denken.«

Nachweis

Die Texte sind den Bänden *Business Class* (I und II), *Huber spannt aus*, *Unter Freunden* und *Das Bonus-Geheimnis* von Martin Suter entnommen.

Folgende Geschichten erscheinen hier zum ersten Mal in einem Diogenes Buch.

Mosers Ferienopfer
Hitzeopfer Schönenberger
Held der Arbeit, Räber
Held der Arbeit, Werder
Mattle mit Hut
Fehlentscheid auf Führungsebene
Aus der Arbeit des Krisenstabs
Rohner lässt sich ein
Familie Gublers Quality Time
Der traurige Sonntag
Ein Mann am Ziel
Neues von der Leistungsgrenze
Braucht es Häfliger?

*Bitte beachten Sie
auch die folgenden Seiten*

Martin Suter
im Diogenes Verlag

»Martin Suter erreicht mit seinen Romanen ein Riesenpublikum. Er schreibt aufregende, gut und nahezu filmisch gebaute Geschichten; er fängt seine Leser mit schlanken, raffinierten Plots.«
Wolfgang Höbel / Der Spiegel, Hamburg

Small World
Roman
Auch als Diogenes Hörbuch erschienen, gelesen von Dietmar Mues

*Die dunkle Seite
des Mondes*
Roman

Business Class
Geschichten aus der Welt des Managements

Ein perfekter Freund
Roman

Business Class
Neue Geschichten aus der Welt des Managements

Lila, Lila
Roman
Auch als Diogenes Hörbuch erschienen, gelesen von Daniel Brühl

*Richtig leben
mit Geri Weibel*
Sämtliche Folgen

Huber spannt aus
und andere Geschichten aus der Business Class

Der Teufel von Mailand
Roman
Auch als Diogenes Hörbuch erschienen, gelesen von Julia Fischer

Unter Freunden
und andere Geschichten aus der Business Class

Der letzte Weynfeldt
Roman
Auch als Diogenes Hörbuch erschienen, gelesen von Gert Heidenreich

Das Bonus-Geheimnis
und andere Geschichten aus der Business Class

Der Koch
Roman
Auch als Diogenes Hörbuch erschienen, gelesen von Heikko Deutschmann

Allmen und die Libellen
Roman
Auch als Diogenes Hörbuch erschienen, gelesen von Gert Heidenreich

*Allmen und der rosa
Diamant*
Roman
Auch als Diogenes Hörbuch erschienen, gelesen von Gert Heidenreich

Die Zeit, die Zeit
Roman
Auch als Diogenes Hörbuch erschienen, gelesen von Gert Heidenreich

Ferienanthologien im Diogenes Verlag

Strandlesebuch
Sonnige und coole Geschichten

Man sollte sich nicht darauf verlassen, am Strand eine Flaschenpost zu finden, um etwas Spannendes zum Lesen zu haben – schließlich verliert sogar die Brandung oder der schönste Sonnenuntergang irgendwann seinen Reiz. Ein gutes Buch hingegen ist auch bei schlechter Witterung eine Garantie für gelungene Ferien, besonders mit folgenden Reisebegleitern: Doris Dörrie, Bernhard Schlink, Ingrid Noll, John Irving, Philippe Djian, Patrick Süskind oder Haruki Murakami.

Balkonlesebuch
Spannende und entspannende Geschichten

»Man sollte lieber nicht auf Reisen gehen, sondern auf dem Balkon sitzen bleiben« riet Erich Kästner. Recht hat er. Und deshalb gibt es für alle, die zu Hause bleiben, ob sie es sich nun auf dem Balkon bequem machen oder nicht, ein Sommerbuch mit spannenden und entspannenden Geschichten von weltbekannten Erzählern wie Patricia Highsmith, Bernhard Schlink oder Ingrid Noll. Und als Zugabe: Geschichten von Almudena Grandes, Hermann Hesse und Axel Hacke, in denen der Balkon zum spannenden Schauplatz wird.

Landleben
Ein Sehnsuchts-Lesebuch

Von den Lebensgewohnheiten auf dem Lande anno dazumal und von den Freuden eines einfachen Lebens im Einklang mit der Natur erzählen Klassiker wie

Adalbert Stifter, H.D. Thoreau oder Anton Čechov. Zeitgenössische Autoren wie Tomi Ungerer, Judith Hermann und Andrea De Carlo schreiben außerdem über die Sehnsucht nach einem Refugium im Grünen und nicht zuletzt über die naiven Vorstellungen der Städter und die doch ganz andere Wirklichkeit des Landlebens.

Sommerliebe
Liebesgeschichten

Nicht jede Sommerliebe endet mit einem Happyend: Bei D.H. Lawrence sind die Standesunterschiede zwischen einer Amerikanerin aus gutem Haus und einem italienischen Bauern einfach zu groß, Urs Widmer erzählt von einem sonnensehnsüchtigen Touristen, der auf der griechischen Insel Naxos in ein verwirrendes Gefühlslabyrinth verstrickt wird. John Irvings junger Held Edward hat auf Long Island eine Affäre mit seiner Traumfrau, die nur einen Fehler hat: Sie ist mit seinem Arbeitgeber verheiratet.
Egal, ob die Sommerliebe auch über den Herbst hinaus hält, die Geschichten in diesem Buch zeigen: Mag der Frühling die Jahreszeit der Leidenschaft sein, der Sommer ist die Zeit der Liebe.

Nicht schon wieder Stau!
Hinterhältige Reisegeschichten

»Reisen ist eine arge Beschäftigung. Das moderne Unterwegs ist womöglich noch schlimmer als das vergangene. Früher wurde man von unkonzessionierten Räubern überfallen und ausgezogen, und man hatte immerhin das Gefühl, dass einem Unrecht geschähe. Das hat sich geändert«, so Erich Kästner. Statt Raubüberfällen gibt es heute Flugverspätungen, verlorene Gepäckstücke und verstopfte Straßen.

Da kann man froh sein, wenn man überhaupt an das Ziel der Reise kommt. *Nicht schon wieder Stau!* versammelt wunderschön hinterhältige Reisegeschichten von John Irving, Martin Suter und Doris Dörrie. Und Anna Gavalda schreibt über einen Mann und eine Frau in einem Auto – natürlich im Stau.

Nicht schon wieder Wellen!
Hinterhältige Geschichten vom Meer

Alle träumen vom Meer, doch diese endlosen Wellen können auch nerven. Und auch ohne Schiffbruch kann so einiges ins Wasser fallen – wenn man keinen festen Boden unter sich hat oder die Füße im Sand: Flaute und stürmische Überfahrten, zu steile Sprünge und zu hohe Wellen, Magenprobleme im Inselparadies, Langeweile oder zu viele nackte Busen am Strand, Meeresungeheuer und Haie, Seekrankheiten oder Landgänge (die noch gesundheitsschädlicher sind), Geisterschiffe oder noch schlimmer: überfüllte Kreuzfahrtschiffe... Ob in Honolulu, der Karibik, an der Côte d'Azur, im Mittelmeer oder in der Weite der Ozeane: *Nicht schon wieder Wellen!* versammelt die schönsten hinterhältigen Geschichten vom Meer.

Endlich Ferien!
Geschichten für die schönste Zeit des Jahres

Sommerzeit – Lesezeit. Aber weder Mücken noch meteorologische Widrigkeiten sind die schlimmsten Störenfriede beim sommerlichen Lesevergnügen. Vielmehr sind es nervige Nichtleser, die stören. Deshalb enthält *Endlich Ferien!* neben spannenden Erzählungen von Martin Suter, Doris Dörrie, John Updike, Bernhard Schlink oder Graham Greene ein praktisches Türschild: »Bitte nicht stören. Ich lese.«

Strandkorb-Lesebuch

Gegen Sonnenbrand hilft die Salbe, gegen Langeweile in den Ferien das *Strandkorb-Lesebuch*. Natürlich kann man die spannenden Geschichten von John Irving, Jakob Arjouni, Martin Suter, Anthony McCarten, Anna Gavalda und vielen anderen auch außerhalb eines Strandkorbs lesen – im Sand, auf der Reise, auf dem Balkon, auf dem Sofa oder sogar ganz ohne Ferien –, denn für das richtige Strandkorb-Feeling sorgen schon einige Geschichten, die tatsächlich im Strandkorb spielen.

Kreuzfahrt-Lesebuch

Majestätische Luxusliner, fremde Länder, elegante Kapitäns-Dinners, spannende Bordbekanntschaften oder Landausflüge: Wer eine Kreuzfahrt macht, der kann was erleben – und erzählen. Wie es weitgereiste Schriftsteller in diesem Buch tun, von W. Somerset Maugham, F. Scott Fitzgerald, John Updike und David Foster Wallace bis Jonathan Franzen. Hohe Literatur auf hoher See: die ideale Lektüre für angenehme Stunden in der Schiffsbibliothek oder im Liegestuhl auf dem Oberdeck, als Einstimmung vor der Einschiffung, aber auch für alle, die nicht seefest sind und lieber nur im Kopf reisen. Mit einer neuen Erzählung von Ingrid Noll.